Basiswissen

BGB
Allgemeiner Teil

2016

Dr. Christoph Pechstein
Rechtsanwalt und Repetitor

ALPMANN UND SCHMIDT Juristische Lehrgänge Verlagsges. mbH & Co. KG
48143 Münster, Alter Fischmarkt 8, 48001 Postfach 1169, Telefon (0251) 98109-0
AS-Online: www.alpmann-schmidt.de

Dr. Pechstein, Christoph

Basiswissen
BGB
Allgemeiner Teil

6. Auflage 2016

ISBN: 978-3-86752-474-2

Verlag Alpmann und Schmidt Juristische Lehrgänge
Verlagsgesellschaft mbH & Co. KG, Münster

Unterstützen Sie uns bei der Weiterentwicklung unserer Produkte.
Wir freuen uns über Anregungen, Wünsche, Lob oder Kritik an:
feedback@alpmann-schmidt.de

1. Teil: Vom Sachverhalt zur Lösung – Juristische Arbeitsweise

In Ihren universitären Prüfungen, aber auch später im Examen wird von Ihnen die Anfertigung eines Gutachtens verlangt. Dabei handelt es sich in der Regel um die Lösung eines Falles. Aus diesem Grunde soll im ersten Teil dieses Skripts zunächst die **Technik der Bearbeitung einer juristischen Klausur** erläutert werden. Halten Sie sich vor Augen, dass der **Prüfungserfolg** nicht allein davon abhängt, welches materielle Wissen man hat, sondern gerade entscheidend auch davon, **wie man dieses umsetzen und anwenden kann!**

Drei Arbeitsschritte: Erfassen – Gliedern – Schreiben

Die Bearbeitung einer Klausur erfolgt in drei Arbeitsschritten:

1. Schritt: Erfassen von Sachverhalt und Fallfrage

2. Schritt: Erstellen einer Gliederung

3. Schritt: Die Niederschrift

Kurz: → Erfassen → Gliedern → Schreiben

!

Für die beiden ersten Schritte dürfen ruhig ca. 1/3–1/2 der Arbeitszeit verwendet werden. Demgemäß gehen wir wie folgt vor:

Im 1. Abschnitt trainieren wir mit Ihnen, wie man die Klausuraufgabe richtig erfasst, und machen Sie mit den verschiedenen Aufgabenstellungen vertraut.

Im 2. Abschnitt behandeln wir die Grundsätze, nach denen die Lösungsgliederung zu gestalten ist.

Im 3. und 4. Abschnitt geht es speziell um das, was die gute Klausur ausmacht, nämlich die saubere Subsumtion des Klausursachverhalts unter das Gesetz und die Kunst der überzeugenden juristischen Argumentation.

Die Arbeitsschritte bei der Klausurbearbeitung

1. Schritt	2. Schritt	3. Schritt
Erfassen von ■ Sachverhalt und ■ Aufgabe	Erstellen der Gliederung	Erstellen der Niederschrift
(1. Abschnitt)	**(2. Abschnitt)**	**(3. Abschnitt)**

1. Abschnitt: Erfassen der Aufgabe

1. Arbeitsschritt: Sachverhalt – Skizze – Fallfrage

Der erste Arbeitsschritt beinhaltet drei Elemente:

→ Sachverhalt → Skizze → Fallfrage

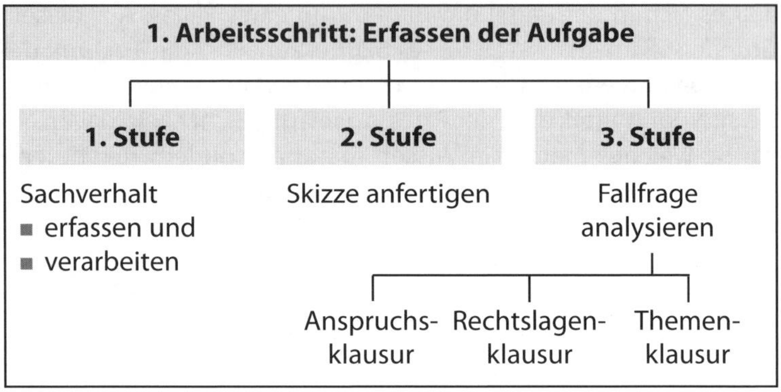

A. Sachverhalt

Da der Sachverhalt die Grundlage der Falllösung bildet, ist es wichtig, ihn richtig zu erfassen und zu verstehen. Andernfalls wird die Lösung von vornherein falsch.

Zweckmäßigerweise geht man dabei so vor:

Bereits beim **ersten Durchlesen** sollte man sich angegebene Daten und Personen farbig hervorheben. Eventuell vorhandene Auffälligkeiten oder Probleme werden auf einem Beiblatt stichpunktartig notiert, um sie später nicht wieder zu vergessen. Um das Lesen gleich in die richtigen Bahnen zu lenken, kann es ratsam sein, bereits vor der ersten Lektüre einen Blick auf den Bearbeitervermerk zu werfen.

Beim **zweiten Durchlesen** können die sonstigen relevanten Informationen gegebenenfalls in einer anderen Farbe hervorgehoben werden. Auch Randbemerkungen sind hilfreich, um den Sachverhalt zu strukturieren.

!

Der Einsatz von farbigen Hervorhebungen macht nur dann Sinn, wenn nicht der komplette Sachverhalt markiert wird. Man muss sich also auf die relevanten Stichworte beschränken.

Fehler beim Umgang mit dem Sachverhalt

Hinzuweisen ist noch auf einige **typische und vermeidbare Fehlerquellen** beim Umgang mit dem Sachverhalt:

- Assoziation mit bekannten Fällen

Assoziation

Jeder Sachverhalt ist anders! Bereits geringfügige Abwandlungen können eine komplett andere Lösung nach sich ziehen. Man sollte sich also davor hüten, die Lösung eines vermeintlich bekannten Falles unreflektiert zu reproduzieren und dadurch den zu beurteilenden Fall an der Aufgabenstellung vorbei zu lösen. Vielmehr ist immer genau zu untersuchen, ob das vermeintlich wiedererkannte Problem auch tatsächlich das Problem des konkret zu beurteilenden Falles darstellt.

!

Unser Rat: *Lernen Sie während Ihrer Ausbildung keine Fälle auswendig! Jeder Fall ist nur ein veranschaulichendes Medium, um daraus allgemein gültige Lösungsstrukturen abzuleiten.*

- Sachverhaltsfehlinterpretation vermeiden

Sachverhaltsfehlinterpretation

Der Sachverhalt ist in zweierlei Hinsicht vollständig: Grundsätzlich darf davon ausgegangen werden, dass alles, was an Informationen im Sachverhalt steht, auch relevant für die Lösung des Falles ist und später argumentativ verwertet werden muss. Schmückendes literarisches Beiwerk ist die absolute Ausnahme!

Grundsätzlich stehen alle Informationen, die man zur Lösung braucht, im Sachverhalt. Finden sich also für die Probleme, die man zunächst für erörterungsbedürftig hält, keine Informationen, ist es ratsam, noch einmal zu überprüfen, ob die Aufgabenstellung nicht doch auf etwas anderes hinaus will.

Wenn es ausnahmsweise doch einmal nötig ist, den Sachverhalt zu ergänzen, so hat dies möglichst lebensnah zu erfolgen.

Beispiel: Ist im Sachverhalt von einem „Hauptschüler" die Rede, ist dies im juristischen Sinne dahingehend zu interpretieren, dass es sich um einen beschränkt geschäftsfähigen Minderjährigen i.S.v. §§ 2, 106* handelt.

- Sachverhaltskritik:

Sachverhaltskritik vermeiden

Der Sachverhalt ist als wahr hinzunehmen. Selbst wenn er lebensfremd erscheinen mag, sollte man sich davor hüten, den Aufgabensteller dafür zu kritisieren. Das kostet unnötig Zeit und verärgert den Korrektor!

Im Sachverhalt geschilderte Rechtsauffassungen der Parteien dürfen dagegen nicht ohne Weiteres als zutreffend unterstellt werden. Sie sind meist als Hilfestellung gedacht, um das Augenmerk des Bearbeiters auf bestimmte Probleme zu lenken. Mit

* Alle im Folgenden genannten §§ ohne Gesetzesbezeichnung sind solche des BGB.

diesen Rechtsauffassungen muss man sich folglich kritisch auseinander setzen.

Es ist darauf zu achten, dass die **beim Erfassen** des Sachverhalts aufgenommenen Umstände des Sachverhalts **vollständig zu sammeln** sind. Oftmals erweist sich erst bei der späteren rechtlichen Begutachtung, dass ein Detail, das zunächst unwichtig erschien, für die Falllösung doch Bedeutung erlangt. Das bedeutet, dass in keinem Fall eine vorschnelle Vorauswahl erfolgen darf – schöpfen Sie den Sachverhalt aus!

Um den Sachverhalt vollständig aufzunehmen, sollten die geschilderten Umstände noch **geordnet** werden. Insoweit erscheint insbesondere sinnvoll, einen Sachverhalt nach seiner **chronologischen Reihenfolge**, nach **Sachverhaltsabschnitten**, nach **beteiligten Personen** oder nach **Begehren** aufzugliedern.

B. Skizze

Bei komplexeren und komplizierten Sachverhalten mit mehreren Daten ist es unerlässlich, sich auf einem Beiblatt eine Zeittabelle anzufertigen. Die Daten sollten in einer Spalte links, die entsprechenden Geschehnisse stichpunktartig rechts daneben notiert werden.

Bei mehreren beteiligten Personen empfiehlt es sich, auf einem Beiblatt eine Skizze zu erstellen, in der die Rechtsbeziehungen der Beteiligten veranschaulicht werden.

Es kann u.U. sinnvoll sein, bereits während des ersten Durchlesens mit der Anfertigung dieser Skizze zu beginnen, um nicht völlig den Überblick zu verlieren und erst einmal gar nichts zu verstehen.

C. Fallfrage

Mit ebenso großer Sorgfalt muss auch die Fallfrage analysiert werden, da nur die konkret gestellten Fragen zu beantworten sind. Überflüssige Ausführungen sind falsch!

Klausurtypen

Anhand der verschiedenen Fragestellungen lassen sich verschiedene Klausurtypen unterscheiden. Die **wichtigsten** werden im Folgenden dargestellt:

I. Anspruchsklausur

Anspruchsklausur

Die Anspruchsklausur ist der wohl häufigste Klausurtyp. Hierbei geht es, wie der Name schon sagt, darum, Ansprüche einer oder mehrerer Personen gegen eine oder mehrere andere Personen zu prüfen.

Erfassen lässt sich die Fallfrage durch folgende Fragestellung:

WER will von WEM WAS WORAUS?

Die berühmte „Vier-W-Frage"

- **WER** = Frage nach dem Anspruchsteller (Gläubiger)
- Von **WEM** = Frage nach dem Anspruchsgegner (Schuldner)
- **WAS** = Frage nach dem Anspruchsziel/Anspruchsgegenstand
- **WORAUS** = Frage nach den Anspruchsgrundlagen

Zu beachten ist aber, dass die Fallfragen **unterschiedliche Konkretisierungsgrade** aufweisen können. Dazu folgende Beispiele:

Beispiel 1 (einfache Klausurfrage): Die Fallfrage des Bearbeitervermerks lautet: „Hat A einen Anspruch gegen B auf Zahlung von 1.000 € aus dem Kaufvertrag?"

Anspruchsteller: A
Anspruchsgegner: B
Anspruchsziel: Zahlung von 1.000 €
Anspruchsgrundlagen: (nur) Kaufvertrag, § 433 Abs. 2, d.h. andere Anspruchsgrundlagen sind nicht zu prüfen. Ihre Erörterung wäre nach der Fallfrage überflüssig und daher falsch!

Beispiel 2 (Erste Steigerung): Die Fragestellung lautet: „Hat A einen Anspruch gegen B auf Zahlung von 1.000 €?"

Anspruchsteller: A
Anspruchsgegner: B
Anspruchsziel: Zahlung von 1.000 €
Anspruchsgrundlagen: Hier müssen alle in Betracht kommenden Anspruchsgrundlagen selbst gesucht werden!

Beispiel 3 (Zweite Steigerung): Die Fragestellung lautet: „Welche Ansprüche hat A gegen B?"

Anspruchsteller: A
Anspruchsgegner: B
Anspruchsziel(e): Dieses muss (bzw. diese müssen) anhand der wirtschaftlichen Interessenlage selbst herausgearbeitet werden.
Anspruchsgrundlagen: Hier müssen für jedes Anspruchsziel alle in Betracht kommenden Anspruchsgrundlagen selbst gesucht werden.

Beispiel 4 (Dritte Steigerung): Die Fragestellung lautet: „Welche Ansprüche hat A?"

Anspruchsteller: A
Anspruchsgegner: Sämtliche sonstigen im Sachverhalt genannten Personen, also neben B etwa auch noch C und D.
Anspruchsziel(e): Dieses muss (bzw. diese müssen) anhand der wirtschaftlichen Interessenlage für jedes 2-Personen-Verhältnis (A → B, A → C, A → D) selbst herausgearbeitet werden.

Anspruchsgrundlagen: Hier müssen für jedes 2-Personen-Verhältnis und innerhalb desselben für jedes Anspruchsziel alle in Betracht kommenden Anspruchsgrundlagen selbst gesucht werden.

II. Rechtslagenklausur

Rechtslagenklausur

Probleme kann es u.U. bereiten, wenn allgemein gefragt ist: „Wie ist die Rechtslage?" Hinter dieser Fragestellung können sich verschiedene Klausurtypen verbergen.

1. Anspruchsklausur mit gezielter Frage

Auch hier kann es sich um eine ganz gezielte Frage nach Ansprüchen zwischen bestimmten Personen oder nach bestimmten Anspruchszielen handeln (Anspruchsklausur mit gezielter Frage).

Beispiel: „A verlangt von B Ersatz der Reparaturkosten. C möchte wissen, ob er auch Ansprüche gegen die Beteiligten hat. Wie ist die Rechtslage?"

Anspruchsteller: A
Anspruchsgegner: B
Anspruchsziel: Ersatz der Reparaturkosten
Anspruchsgrundlagen: Hier müssen alle in Betracht kommenden Anspruchsgrundlagen selbst gesucht werden.

Anspruchsteller: C
Anspruchsgegner: A und B
Anspruchsziel(e): Dieses muss anhand der wirtschaftlichen Interessenlage für jedes 2-Personen-Verhältnis (C → A und C → B) selbst herausgearbeitet werden.
Anspruchsgrundlagen: Hier müssen für jedes 2-Personen-Verhältnis und innerhalb desselben für jedes Anspruchsziel alle in Betracht kommenden Anspruchsgrundlagen selbst gesucht werden.

2. Anspruchsklausur mit offener Frage

Fehlt eine solche vorherige Einschränkung – die durchaus auch mitten im Sachverhalt stehen kann –, so handelt es sich um eine offene Fragestellung, bei der alle Rechtsbeziehungen zwischen allen Beteiligten umfassend zu erörtern sind (Anspruchsklausur mit offener Frage).

Beispiel: Im Sachverhalt kommen A, B und C vor. Die Fragestellung lautet: „(...) Wie ist die Rechtslage?"

In diesem Fall sind alle denkbaren Anspruchsziele und Anspruchsgrundlagen in folgenden Rechtsverhältnissen (zumindest gedanklich) zu untersuchen:

A → B, B → A, B → C, C → B, C →A, A → C.

! *Bei mehr als einem Anspruchsteller und mehr als einem Anspruchsgegner sollte man ganz allgemein wie folgt vorgehen:*

Der Sachverhalt ist in 2-Personen-Verhältnisse aufzuspalten. Innerhalb jedes dieser 2-Personen-Verhältnisse ist das Anspruchsziel (oder die Anspruchsziele) des Anspruchstellers herauszuarbeiten. Hilfreich hierfür kann es sein, sich die wirtschaftliche Interessenlage zu vergegenwärtigen. Dieses wirtschaftliche Ziel ist in ein juristisch fassbares zu übersetzen, da nur so später passende Anspruchsgrundlagen gesucht werden können.

III. Themenklausur

Themenklausur

Mitunter werden auch sogenannte Themenklausuren gestellt. Hier geht es nicht darum, einen Fall zu lösen, sondern ein bestimmtes Thema zu erörtern. Da der Aufbau einer solchen Klausur sehr von der jeweiligen Frage abhängt, ist es kaum möglich, allgemein gültige Hinweise zum Aufbau einer solchen Klausur zu geben.

Auch hier sollte man jedoch nicht einfach „drauflos schreiben", sondern zunächst einmal den Stoff sammeln und versuchen, diesen sinnvoll zu ordnen und zu strukturieren.

Oftmals bietet es sich an, in einer **kurzen Einleitung** das zu erörternde Thema zu problematisieren und dem Leser aufzuzeigen, wie man im Folgenden vorgehen möchte.

Im **Hauptteil** folgt dann die eigentliche Erörterung.

Am Ende bietet sich gegebenenfalls ein **kurzes Resümee oder ein kleiner Ausblick** auf künftige Entwicklungen an.

Wenn es sich nicht um eine reine Themenklausur handelt, sondern lediglich um eine kurze theoretische Zusatzfrage, dann ist diese ganz normal begründet zu beantworten.

2. Abschnitt: Die Gliederung

Wichtig: Nicht sofort mit der Ausformulierung beginnen!

Wenn Sie Sachverhalt und Fallfrage richtig erfasst haben, dürfen Sie auf keinen Fall sofort mit der Ausformulierung der Lösung beginnen! Sie würden damit Gefahr laufen, die Gesamtübersicht über Ihre Lösung zu verlieren. Viele Kandidaten, die aus Angst, mit der Zeit nicht hinzukommen, diesen Rat nicht beachtet haben, haben nicht selten zehn Minuten vor dem Abgabetermin festgestellt, dass ihre Ausführungen seitenweise neben dem Thema lagen. Diesen Adrenalinstoß möchten wir Ihnen gerne ersparen.

Die folgenden Ausführungen gelten nur noch **für den besonders bedeutsamen Klausurtyp der Anspruchs- und Rechtslagenklausur**:

Folgende Schritte wurden bereits vollzogen:

- Erfassen von Sachverhalt und Fallfrage
- Aufspaltung in 2-Personen-Verhältnisse
- Herausarbeiten der juristisch gefassten Anspruchsziele innerhalb der jeweiligen 2-Personen-Verhältnisse

Nun gilt es, sukzessive für jedes dieser 2-Personen-Verhältnisse und für jedes einzelne Anspruchsziel geeignete Anspruchsgrundlagen zu suchen, diese dann zu ordnen und schließlich zu prüfen.

Wichtiger Dreierschritt: suchen – ordnen – prüfen

Auch hier kann also wieder in einem Dreierschritt vorgegangen werden:

Anspruchsgrundlagen → suchen → ordnen → prüfen!

2. Arbeitsschritt: Die Gliederung

Suchen | **Ordnen** | **Prüfen**

der geeigneten Anspruchsgrundlagen

A. Suchen der Anspruchsgrundlagen

I. Definition der Anspruchsgrundlage

Anspruchsgrundlage ist eine Rechtsnorm, die als Rechtsfolge einen Anspruch gewährt.

Anspruch ist das Recht, von einem anderen ein Tun oder Unterlassen zu verlangen (§ 194 Abs. 1).

II. Struktur einer Anspruchsgrundlage

Woran erkennen Sie nun eine Anspruchsgrundlage? Anspruchsgrundlagen weisen eine „wenn … , dann …"-Struktur auf. Wenn der Tatbestand der Norm vorliegt, dann tritt eine bestimmte Rechtsfolge ein. Unter dem Tatbestand ist die Summe aller einzelnen Voraussetzungen (= Tatbestandsmerkmale) zu verstehen.

! Stets auf die Rechtsfolge der Norm achten!

Achten Sie also bei einer Vorschrift immer auf die Rechtsfolge. Nur dann, wenn jemand danach von einem anderen etwas verlangen kann, handelt es sich um eine Anspruchsgrundlage!

III. Arten und Rechtsfolgen von Anspruchsgrundlagen

Einteilung der Anspruchsgrundlagen nach Anspruchszielen

Die Suche nach geeigneten Anspruchsgrundlagen richtet sich nach der Rechtsfolge. Daher ist es wichtig, die wichtigsten Anspruchsziele zu kennen.

Im Folgenden werden **die für den Einsteiger wichtigsten und häufigsten Anspruchsziele und Anspruchsgrundlagen** genannt. Wichtig ist, dass Sie zur Übung alle nachstehenden Anspruchsgrundlagen genau lesen und sich verdeutlichen, wo diese im BGB stehen!

1. Vertragliche Erfüllungsansprüche

Vertragliche Primäransprüche

Ziel: Erfüllung einer Verbindlichkeit, also dessen, was man einem anderen versprochen hat (vertragliche Primäransprüche)

Wichtigste Anspruchsgrundlagen: typisierte Verträge im achten Abschnitt des zweiten Buches; atypische Verträge, §§ 311 Abs. 1, 241 Abs. 1

Beispiele: § 631 Abs. 1, Herstellung des versprochenen Werkes durch den Werkunternehmer, Entrichtung der vereinbarten Vergütung durch den Besteller; § 535, Verpflichtung des Vermieters zur Überlassung der Mietsache, Verpflichtung des Mieters zur Zahlung des Mietzinses; § 765, Verpflichtung des Bürgen, für die Erfüllung der Hauptschuld einzustehen etc.

2. Vindikationsanspruch des Eigentümers nach § 985

Der Eigentumsherausgabeanspruch

Ziel: Herausgabe einer Sache an den Eigentümer

!

Anspruchsgrundlage ist nur § 985. § 986 ist – entgegen seinem Wortlaut – keine Einrede, sondern eine rechtshindernde Einwendung gegenüber § 985, also eine Gegennorm (achten Sie auf die Rechtsfolge des § 986). Sprachlich beginnt § 986 übrigens mit der Rechtsfolge und endet mit dem Tatbestand.

3. Schadensersatzansprüche

Schadensersatz

Ziel: Ausgleich von Schäden, die man einem anderen zugefügt hat

Wichtigste Anspruchsgrundlagen:

- Vertragliche Schadensersatzansprüche (sogenannte Sekundäransprüche), z.B. §§ 280–283, ggf. i.V.m. § 311 Abs. 2
- Deliktsrecht, z.B. § 823 Abs. 1; § 823 Abs. 2 i.V.m. Schutzgesetz; § 831 Abs. 1

4. Bereicherungsrechtliche Ansprüche

Herausgabe ungerechtfertigter Bereicherung

Ziel: Abschöpfung einer ungerechtfertigt erfolgten Vermögensverschiebung

Wichtigste Anspruchsgrundlagen: § 812 Abs. 1 S. 1 Alt. 1; § 812 Abs. 1 S. 2 Alt. 1.

!

Unser Rat: *Notieren Sie sich alle Anspruchsgrundlagen, die Sie im Laufe des Studiums kennenlernen. Übertragen Sie diese, nach Anspruchszielen geordnet, auf einen Datenspeicher. Nur so bekommen Sie im Laufe der Zeit ein Gefühl dafür, welche Anspruchsgrundlagen für den von Ihnen zu lösenden Fall infrage kommen.*

IV. Auswählen der Anspruchsgrundlagen

Bezüglich der aufgefundenen Normen muss nunmehr eine **Auswahl im Hinblick auf ihre Prüfungsrelevanz** erfolgen. Zwar ist zunächst der Grundsatz der Vollständigkeit zu beachten, jedoch ergeben sich im Hinblick auf Arbeitsökonomie und Zweckmäßigkeitsgesichtspunkte Einschränkungen.

Prüfungsrelevant sind diejenigen Normen, deren Eingreifen möglich erscheint, hingegen sind solche Normen auszuscheiden, die sich ohne weiteres mit nur einem Satz überzeugend ablehnen lassen.

!

*Gerade die **Gewichtung von Relevantem und Unwichtigem** auch bereits bei der Auswahl der zu prüfenden Normen ist ein wichtiger Gesichtspunkt bei der späteren Bewertung der Arbeit!*

B. Ordnen der Anspruchsgrundlagen

I. Prüfungsreihenfolge

Vertragliche Ansprüche: Primär- und Sekundäransprüche

Kommen innerhalb eines 2-Personen-Verhältnisses für ein Anspruchsziel mehrere Anspruchsgrundlagen in Betracht, so sind diese nach folgendem **dreistufigen Schema** zu ordnen, welches die Reihenfolge für die spätere Prüfung vorgibt:

Dreistufiges Aufbauschema

Aufbauschema:
I. **Vertragliche** Ansprüche
II. **Vertragsähnliche** Ansprüche
III. **Gesetzliche** Ansprüche

1. Vertragliche Ansprüche

Diese Ansprüche setzen einen Vertrag zwischen den Parteien voraus. Sie werden in Primär- (Erfüllungs-) und Sekundäransprüche eingeteilt.

Zu den Sekundäransprüchen gehören z.B. Ansprüche wegen Ausschlusses der Leistungspflicht nach § 275 Abs. 4 i.V.m. §§ 280, 283–285, 311 a, die Schadensersatzansprüche wegen eines Mangels nach §§ 437 Nr. 3, 280–283 oder Leistungsverzögerung nach §§ 280 Abs. 1, 2, 286 sowie der Anspruch wegen Störung der Geschäftsgrundlage nach § 313.

2. Vertragsähnliche Ansprüche

Diese Ansprüche setzen keinen Vertrag voraus. Sie wirken aber ähnlich wie vertragliche Ansprüche, woher auch die Bezeichnung kommt. Darunter fallen die Ansprüche aus §§ 280 Abs. 1, 311 Abs. 2 u. 3, 241 Abs. 2 (früher culpa in contrahendo – c.i.c.) und aus Geschäftsführung ohne Auftrag (GoA, §§ 677 ff.).

3. Gesetzliche Ansprüche

Gesetzliche Ansprüche setzen keinen Vertrag voraus. Sie sind davon unabhängig und entstehen nur durch Erfüllung ihrer gesetzlichen Tatbestandsvoraussetzungen. Die **wichtigsten drei Gruppen der gesetzlichen Ansprüche** sind in **folgender Reihenfolge** zu prüfen:

Aufbauschema:

- **Dingliche** Ansprüche
- **Deliktische** Ansprüche
- **Bereicherungsrechtliche** Ansprüche

- **Dingliche Ansprüche**

  Dingliche Ansprüche sind Ansprüche, die dem Schutz und der Verwirklichung dinglicher Rechte dienen.

  Ein dingliches Recht ist das Recht einer Person zur unmittelbaren Herrschaft über eine Sache (so z.B. das Eigentum, vgl. § 903).

  Der wichtigste dingliche Anspruch ist der Herausgabeanspruch des Eigentümers gegen den unrechtmäßigen Besitzer aus § 985.

- **Deliktische Ansprüche**

  Die Vorschriften über die unerlaubten Handlungen (§§ 823 ff.) bezwecken den Schutz des Einzelnen gegen widerrechtliche Eingriffe in seinen Rechtskreis. Sie schützen das „rechtsethische Minimum", das jeder gegenüber anderen zu beachten hat.

- **Bereicherungsrechtliche Ansprüche**

  Die Ansprüche aus §§ 812 ff. dienen, vereinfacht gesagt, der Rückgängigmachung ungerechtfertigter Vermögensverschiebungen.

II. Begründung der Prüfungsreihenfolge

Wozu dient diese Reihenfolge?

Die Einhaltung dieser Prüfungsreihenfolge ist kein Selbstzweck, sondern basiert auf gewissen logischen Wechselwirkungen und Konkurrenzfragen der einzelnen Normen zueinander.

1. Der **Vertrag** als die von den Parteien vereinbarte speziellste Grundlage kann Einfluss auf alle anderen Anspruchsgrundlagen haben. Der Vertrag kann etwa „Auftrag" i.S.d. § 677 sein und Ansprüche aus GoA ausschließen. Er kann ein „Recht zum Besitz" i.S.v. § 986 geben, sodass Ansprüche aus § 985 und E-B-V (§§ 987 ff.) ausscheiden. Im Rahmen der §§ 823 ff. können Verträge einen Rechtfertigungsgrund darstellen oder den deliktischen Verschuldensmaßstab beeinflussen. Schließlich können Verträge einen „Rechtsgrund" i.S.d. § 812 bilden.

2. Da im Rahmen der Prüfung von Vertragsansprüchen die Anbahnung von Vertragsverhandlungen bereits erörtert wurde, bietet es sich an, gleich im Anschluss **Ansprüche wegen Verschuldens bei Vertragsverhandlungen** gemäß §§ 280 Abs. 1, 311 Abs. 2 u. 3, 241 Abs. 2 zu prüfen, da diese gerade ein vorvertragliches Schuldverhältnis erfordern, welches mit Aufnahme von Vertragsverhandlungen entsteht.

3. Da die **echte berechtigte GoA (§ 683)** für die Dauer ihrer Ausführung ein „Recht zum Besitz" i.S.v. § 986 gibt (streitig), einen Rechtfertigungsgrund i.S.d. §§ 823 ff. darstellt und Rechtsgrund für das Behaltendürfen im Rahmen des Bereicherungsrechts sein kann, ist sie vor diesen Anspruchsgrundlagen zu erörtern.

4. Die Schadens- und Nutzungsersatzansprüche des **E-B-V** (§§ 987 ff.) entfalten Sperrwirkungen gegenüber dem Delikts- und Bereicherungsrecht (vgl. § 993 Abs. 1 Hs. 2) und sind deshalb vorrangig zu untersuchen. Auch die Verwendungsersatzansprüche der §§ 994 ff. werden zum Teil als abschließend betrachtet.

5. Deliktische und bereicherungsrechtliche Ansprüche beeinflussen sich nicht. Sie können auch in umgekehrter Reihenfolge geprüft werden. Es empfiehlt sich, mit der Anspruchsgrundlage zu beginnen, die am ehesten vorliegt.

!

Die Gründe für die Einhaltung der Prüfungsreihenfolge werden sich Ihnen bei näherer Kenntnis der einzelnen Regelungskomplexe nach und nach vollständig erschließen.

C. Prüfung der einzelnen Anspruchsgrundlagen (Grundschema)

Grundschema zur Prüfung der Anspruchsgrundlagen

Nun wird die eigentliche Gliederung erstellt, die die **gesamte Arbeit gedanklich vorwegnehmen** soll und deren **Stichwortgerüst** als Grundlage für die spätere Niederschrift dient.

Wenn für jedes 2-Personen-Verhältnis und innerhalb desselben für jedes Anspruchsziel alle in Betracht kommenden Anspruchsgrundlagen gesucht und geordnet sind, geht es daran, die Anspruchsgrundlagen jeweils einzeln durchzuprüfen.

Offensichtlich nicht einschlägige Anspruchsgrundlagen scheiden gleich aus. Im Übrigen werden wirklich alle Anspruchsgrundlagen untersucht. Auch wenn eine Anspruchsgrundlage bereits bejaht wurde, ist weiterzuprüfen, ob der Anspruch nicht auch noch auf eine andere Anspruchsgrundlage gestützt werden kann.

Vor der Prüfung der jeweiligen Anspruchsgrundlage ist ein **Obersatz** zu bilden und zu notieren, der Antwort auf die Frage „Wer will von wem was woraus?" gibt. Ansonsten läuft man leicht Gefahr, den Überblick zu verlieren. Die Gliederung soll gerade die Arbeit für die spätere Niederschrift strukturieren, bei der die Obersätze eine unerlässliche Orientierungshilfe für den Korrektor darstellen.

Bei der **Prüfung der einzelnen Anspruchsgrundlagen** ist nach folgendem **dreistufigem Grundschema** zu verfahren:

Dreistufiges Grundschema

Aufbauschema:
I. Anspruch **entstanden**
II. Anspruch **erloschen**
III. Anspruch **durchsetzbar**

I. Anspruch entstanden

Auch hier ist in **drei Stufen** vorzugehen:

Aufbauschema:
1. Anspruchs**voraussetzungen**
2. (keine) **rechtshindernden** Einwendungen
3. Rechtsfolge

1. Anspruchsvoraussetzungen

Subsumtion der Anspruchsvoraussetzungen

Zu untersuchen ist, ob der Tatbestand der Anspruchsgrundlage erfüllt ist oder nicht. Dies geschieht im Wege der Subsumtion (Einzelheiten hierzu im 4. Abschnitt). Jedes einzelne Tatbestandsmerkmal ist, sofern es nicht ganz offensichtlich vorliegt, auszulegen bzw. zu definieren. Dann ist es mit dem Sachverhalt zu vergleichen und festzustellen, ob es mit ihm übereinstimmt oder nicht.

!

Beachten Sie: *Der Jurist denkt in Teilschritten. Im ersten Schritt werden die einzelnen Tatbestandsmerkmale der Anspruchsgrundlage zusammengestellt und diese anschließend Punkt für Punkt abgearbeitet.*

2. Rechtshindernde Einwendungen

Anschließend ist zu untersuchen, ob eine Gegennorm eingreift, die die Entstehung des Anspruchs (von Anfang an) verhindert.

Beispiele: Rechtshindernde Einwendungen erkennen Sie etwa an folgenden Formulierungen:

- „Ein Rechtsgeschäft ist (von Anfang an) nichtig, wenn ..." (z.B. § 138 Abs. 1)
- „Der Anspruch ist (von Anfang an) ausgeschlossen, wenn ..." (z.B. § 861 Abs. 2)

Zunächst sind die Voraussetzungen der Gegennorm zu prüfen. Dann ist zu klären, ob das Eingreifen der Gegennorm ausgeschlossen wird.

3. Rechtsfolgen

Wenn die Anspruchsvoraussetzungen vorliegen und keine rechtshindernden Einwendungen eingreifen, ist abschließend noch die Rechtsfolge festzustellen. Dabei ist zwischen vertraglichen und gesetzlichen Ansprüchen zu unterscheiden.

Rechtsfolge bei vertraglichen Ansprüchen

Bei vertraglichen Ansprüchen ergibt sich die Rechtsfolge der Reihenfolge nach aus Folgendem:

- Vertragswortlaut
- ggf. erläuternde Vertragsauslegung (§§ 133, 157)
- dispositive (abdingbare) Vorschriften (z.B. §§ 269, 271)
- ggf. ergänzende Auslegung (§§ 133, 157)
- § 242 (Treu und Glauben)

Das Verhältnis zwischen den dispositiven Vorschriften und der ergänzenden Auslegung ist etwas kompliziert. Im Regelfall gehen aber die dispositiven Vorschriften vor. Nur wenn sich eindeutig feststellen lässt, dass die Parteien jedenfalls die dispositive gesetzliche Regelung nicht wollten, ist die Reihenfolge umgekehrt. !

Bei gesetzlichen Ansprüchen ergibt sich die Rechtsfolge zunächst aus dem Wortlaut der Vorschrift, wobei dieser u.U. auslegungsbedürftig sein kann. Zur Ermittlung der Rechtsfolgen müssen bisweilen auch rechtsfolgenergänzende Normen herangezogen werden (z.B. §§ 249 ff.).

Rechtsfolge bei gesetzlichen Ansprüchen

II. Anspruch erloschen

Anschließend ist zu prüfen, ob die Voraussetzungen einer rechtsvernichtenden Einwendung (Gegennorm) vorliegen und ob diese nicht ausgeschlossen ist.

Anspruch erloschen

Beispiele: Rechtsvernichtende Einwendungen bestimmen, dass ein – zunächst entstandener – Anspruch unter bestimmten Voraussetzungen erlischt. Sie erkennen sie an folgenden Formulierungen:

- „Das (entstandene) Schuldverhältnis erlischt, wenn ..." (z.B. § 362)
- „Das (entstandene) Recht des Gläubigers erlischt, wenn ..." (z.B. § 382)

Greift eine solche Gegennorm durch, so führt dies dazu, dass der Anspruch nicht mehr besteht.

III. Anspruch durchsetzbar

1. Einreden

Zum Schluss ist zu prüfen, ob vom Anspruchsgegner eine Einrede erhoben wurde, ob deren Voraussetzungen vorliegen und ob diese nicht ausgeschlossen ist. Der Anspruch geht hier zwar nicht unter, wird aber undurchsetzbar, wenn der Schuldner sich auf die Einrede beruft.

Einreden

! *Wer eine Einrede hat, muss „reden". Er kann auch schreiben. Wichtig ist nur, dass eine Einrede vor Gericht nicht von Amts wegen beachtet wird, sondern nur auf Geltendmachung des Schuldners!*

Beispiele: Rechtshindernde Einreden können Sie an folgenden oder ähnlichen Formulierungen erkennen:

- „... ist der Verpflichtete berechtigt, die Leistung zu verweigern." (z.B. § 214 Abs. 1, Einrede der Verjährung)
- „... so kann er die Leistung verweigern, bis die ihm gebührende Leistung bewirkt wird." (z.B. § 273 Abs. 1)

2. Treu und Glauben

§ 242

Der Durchsetzbarkeit des Anspruchs kann auch § 242 entgegenstehen.

! ***Beachten Sie** an dieser Stelle die **Besonderheiten des § 242**. Es handelt sich hier um eine von Amts wegen zu berücksichtigende rechtshemmende Einwendung. Sie braucht also anders als die rechtshemmenden Einreden nicht eigens erhoben zu werden.*

Das Durchgreifen einer Gegennorm führt dazu, dass der Anspruch einredebehaftet ist und trotz seines Bestehens dauerhaft (bei peremptorischen Einreden) oder vorübergehend (bei dilatorischen Einreden) nicht geltend gemacht werden kann.

Aufbauschema zur Anspruchsprüfung

Aufbauschema: Anspruch des ... gegen ... aus ... auf ...

I. Anspruch entstanden
   1. Anspruchsvoraussetzungen
   2. Keine rechtshindernden Einwendungen
   3. Rechtsfolgen

II. Anspruch (nicht) erloschen
   1. Voraussetzungen rechtsvernichtender Einwendungen
   2. Kein Ausschluss

III. Anspruch durchsetzbar
   1. Keine rechtshemmenden Einreden
      a) Einrede erhoben
      b) Voraussetzungen
      c) Kein Ausschluss
   2. Kein § 242

3. Abschnitt: Die Niederschrift

Auch bei der Niederschrift gehen wir **in drei Schritten** vor:

- Strukturieren
- Formulieren
- Präsentieren

Wichtiger Dreierschritt: strukturieren – formulieren – präsentieren

3. Arbeitsschritt: Die Niederschrift

Strukturieren | **Formulieren** | **Präsentieren**

A. Strukturieren

Grundlage für die Niederschrift ist die Gliederung. Demnach folgen Aufbau und Struktur der Niederschrift dem Aufbau und der Struktur der Gliederung. Auch die Nummerierung der Gliederungspunkte sollte übernommen werden.

B. Formulieren

I. Stil

Gutachtenstil

Die Niederschrift erfolgt grundsätzlich im **Gutachtenstil**.

Unproblematische Passagen werden im verkürzten Gutachtenstil abgefasst. Keine Verwendung sollte der Urteilsstil finden.

Beispiel:

Falsch: V hat gegen K einen Anspruch auf … aus … , weil … Denn V hat mit K vereinbart, …

Richtig: V könnte gegen K einen Anspruch auf … aus … haben. Die Voraussetzungen hierfür sind …

II. Sprache

Immer den konkreten Ausdruck vorziehen

Man sollte sich um die korrekte Verwendung der juristischen Fachausdrücke bemühen. Im Übrigen ist der konkretere Begriff immer dem abstrakteren vorzuziehen.

Beispiel:

Falsch: V könnte gegen K einen Anspruch auf Herausgabe der Sache aus … haben.

Richtig: V könnte gegen K einen Anspruch auf Herausgabe des Mopeds aus … haben.

Direkte Rede hat in einem juristischen Gutachten ebenso wenig zu suchen wie Metaphern, bildliche Vergleiche, poetische Wendungen, Schmähungen oder allgemeine Lebensweisheiten. Die Sprache muss klar, sachlich und präzise sein. Demnach darf auch die eigene Person nicht einbezogen werden.

Beispiel:

Falsch: „Ich denke", „Ich bin der Ansicht", „Hier irrt der BGH".

Richtig: „Vorzugswürdig erscheint", „Zu folgen ist dieser Ansicht, da …".

Um eine allzu stereotype Ausdrucksweise zu umgehen, sollte man verschiedene Formulierungen verwenden, also nicht ständig „Fraglich ist, ob …" schreiben, sondern inhaltsgleiche andere Wendungen wählen.

Beispiel:

„Es stellt sich die Frage, ob …"

„Problematisch ist, ob …"

„Im Folgenden gilt es zu untersuchen, ob …"

„Die Frage/Das Problem, ob … , ist erörterungsbedürftig" usw.

Kurze Sätze sind „Bandwurmsätzen" vorzuziehen.

C. Präsentieren

I. Schwerpunkte setzen

Richtige Schwerpunktbildung

Unproblematische Passagen sind zu straffen, zum einen dadurch, dass man unproblematische Punkte zusammenfasst, zum anderen dadurch, dass man sich des verkürzten Gutachtenstils bedient.

Beispiel: Angenommen, das Zustandekommen eines Kaufvertrages ist evident. Problematisch ist aber, ob der Käufer gegenüber dem Kaufpreisanspruch wirksam aufgerechnet hat.

Falsch (da unnötig umständlich und im konkreten Fall nicht zielführend): V könnte mit K einen Kaufvertrag abgeschlossen haben. Die Voraussetzungen dafür sind …

Richtig (verkürzter Gutachtenstil): V und K haben sich über den Abschluss eines Kaufvertrages geeinigt. Fraglich ist aber, ob der Kaufpreisanspruch des V infolge der von K erklärten Aufrechnung erloschen ist …

Die Darstellung der Problemschwerpunkte, die in der Gliederung als solche gekennzeichnet wurden, erfolgt anschließend wieder im Gutachtenstil.

Zeigen Sie dem Korrektor gerade in Ihrer Darstellung, dass Sie das Wesentliche vom Unwesentlichen unterscheiden können! Den Mut, sich bereits zu Beginn bei unproblematischen Punkten kurz zu fassen, wird man letztlich nur durch stetige Übung, sprich aktives Klausurenschreiben gewinnen.

! Wesentliches von Unwesentlichem unterscheiden!

II. Darstellung einer Begründung

Die **Begründung** des Ergebnisses eines Gedankengangs ist so darzustellen, dass dieser **in logisch aufbauenden, in sich geschlossenen Begründungsketten** ohne logische Gedankensprünge für den Leser schlüssig und nachvollziehbar wird.

!

*Um ein bereits gefundenes Ergebnis abzusichern, kann gegebenenfalls eine **hilfsweise** Begründung herangezogen werden („im Übrigen...“; „darüber hinaus...“). Eine **alternative** Begründung kann dazu dienen, das Ergebnis bei einem schwierigeren, komplexeren Fragenkreis auch auf eine andere (weitere) Begründung zu stützen, um es noch nachvollziehbarer zu machen.*

Hervorzuheben ist, dass gerade die sogenannte **„Begründungstiefe“** ein **maßgeblicher Gesichtspunkt für die Bewertung** der Arbeit darstellt. Eine gute Benotung erhält der Gutachtenersteller bei einer Prüfungsarbeit nicht allein dafür, dass er ein Problem erkannt und ein zutreffendes Ergebnis hierfür gefunden hat – entscheidend ist, ob er auch in der Lage ist aufzuzeigen, wie das gefundene Ergebnis hergeleitet wurde und **dies überzeugend ausführen** kann!

III. Darstellung einer Argumentation – Argumentationsmittel

Die Darstellung des Argumentationswegs hat den Zweck, den Korrektor von der Richtigkeit des gefundenen Lösungswegs zu überzeugen – **Argumente sind das Mittel zur Überzeugungsbildung!**

!

*Übertragen formuliert bedeutet das auch für Ihre Prüfung: (Nur) mit der **Begründungs- und Argumentationstiefe** können Sie den Korrektor davon überzeugen, Ihnen eine gute Bewertung zu geben!*

Nur ein **sachliches** Argumentieren hat Überzeugungskraft und vermag den Leser (Korrektor!) zu überzeugen.

Als **typische Fehler** bei der Darstellung einer Argumentation sind daher:

- Begründungen von Rechtsfolgen **allein vom Ergebnis des Einzelfalls** her oder

- eine unmittelbare **Begründung unter Rückgriff auf (allgemeine) Gesichtspunkte wie Gerechtigkeit, Billigkeit, Rechtsgefühl** (z.B.: Es kann ja nun nicht angehen, dass...")

zu vermeiden.

Wichtige **Sachargumente** sind insbesondere:

- das **argumentum a maiore ad minus** (sogenannter **„Erst-Recht-Schluss"**): Es wird vom Größeren (Mehr) auf das Kleinere (Weniger) geschlossen (Formulierung: „Wenn schon das (Größere)..., dann erst recht das (Kleinere)...") sowie
- das **argumentum e contrario („Umkehrschluss")**: Es wird von einem in einer anderen Situation bestehenden Auslegungsergebnis darauf geschlossen, dass es dann in diesem Fall nicht so sein kann (Formulierung: „Wenn das dort so ist..., dann muss es hier anders sein...").

Wann muss eine Streitfrage entschieden werden?

IV. Darstellung von Meinungsstreitigkeiten

1. Verschiedene Ansichten führen zum gleichen Ergebnis

In diesem Fall braucht der Streit nicht entschieden zu werden. Es genügt, die Ansichten kurz darzustellen und den konkreten Fall darunter zu subsumieren mit dem Hinweis, dass eine Streitentscheidung wegen der gleichen Ergebnisse dahingestellt bleiben kann.

2. Verschiedene Ansichten führen zu unterschiedlichen Ergebnissen

Der Streit muss entschieden werden. Es bieten sich grundsätzlich zwei Darstellungsmöglichkeiten an:

- 1. Möglichkeit:

  Man führt zunächst die eine Ansicht mit den für sie sprechenden Argumenten an.

  Dann führt man die andere Ansicht mit den jeweiligen Argumenten an, wobei die Ansicht, der man folgt, am Ende steht. Besonders überzeugend wird die Darstellung, wenn man zunächst einmal die Argumente der Ansicht, der man nicht folgt, entkräftet und anschließend noch zusätzliche Argumente für die Ansicht, der man folgen möchte, bringen kann.

- 2. Möglichkeit:

  Man führt zunächst die Ansicht, der man nicht folgt, an. Jedes für diese Ansicht sprechende Argument wird gleich wieder durch ein Gegenargument entkräftet. Am Ende steht dann wieder die Ansicht, der man folgen möchte.

- Wann ist welche Möglichkeit vorzuziehen?

  Dies hängt vom konkreten Einzelfall ab; pauschale Ratschläge sind kaum möglich. Die zweite Möglichkeit bietet sich aber grundsätzlich nur dann an, wenn man wirklich auf jedes Argument ein Gegenargument zur Hand hat. Bei mehr als zwei verschiedenen zu erörternden Meinungen wird die Darstellung nach der 1. Möglichkeit übersichtlicher. In den meisten Fällen wird sich somit die 1. Möglichkeit eher anbieten.

Der Verweis darauf, dass es sich bei einer Meinung um die herrschende oder um die der Rspr. handelt, ist kein Argument für eine Ansicht. Gegen eine Ansicht spricht auch nicht, dass es sich um die Mindermeinung handelt. Gefragt sind vielmehr echte Sachargumente!

!
Herrschende Meinungen sind keine Argumente.

4. Abschnitt: Rechtsanwendungstechniken

Der folgende Abschnitt macht Sie zunächst mit der Grundtechnik der Rechtsanwendung (Subsumtion) vertraut. Gute Klausuren setzen eine saubere Subsumtion voraus. Wie Sie dabei vorzugehen haben, soll im Folgenden unter A. und B. vermittelt werden.

Des Weiteren soll unter C. auf weiter grundlegende „gedankliche juristische Handwerkszeuge" wie die Auslegung, die Lückenfüllung und die teleologische Reduktion hingewiesen werden.

A. Der syllogistische Schluss

Der syllogistische Schluss

Subsumtion bedeutet die Übertragung des Sachverhalts auf die Voraussetzungen der zu prüfenden Norm. Sie beruht auf dem sogenannten **syllogistischen Schluss**. Dieser besteht aus

- dem **Obersatz** (bei der Gesetzesanwendung: Tatbestand und Rechtsfolge der Norm),
- dem **Untersatz** (bei der Gesetzesanwendung der Sachverhalt),
- dem **Schluss-Satz** (bei der Gesetzesanwendung das Ergebnis).

Obersatz und Untersatz weisen **denselben Mittelbegriff** auf, woraus sich der **Schluss-Satz** ergibt.

Symbolisch dargestellt:

- Obersatz: A = B
- Untersatz: C = B
- Schluss-Satz: Also gilt: A = C

Gemeinsamer Mittelbegriff ist im vorliegenden Beispiel: B.

Bei der Gesetzesanwendung ist der Mittelbegriff des Obersatzes das einzelne Tatbestandsmerkmal der zu prüfenden Rechtsnorm. Dies entspricht dem o.a. Buchstaben „B". Die Rechtsfolge entspricht dem o.a. Buchstaben „A". Normalerweise beginnt eine Norm sprachlich mit dem Tatbestand („B") und endet mit der Rechtsfolge („A").

Der syllogistische Schluss in der Rechtsanwendung

Die Struktur eines Rechtssatzes könnte also lauten:

- Wenn B vorliegt, dann gilt die Rechtsfolge A.

Die Analyse des Klausursachverhalts (Untersatz) könnte ergeben:

- Auf C trifft B zu.

Dann lautet der Schluss-Satz:

- Also gilt für C die Rechtsfolge A.

Beispiel: Aus den folgenden Aussagen ist der gemeinsame Mittelbegriff herauszufinden und der Schluss-Satz zu bilden:

Obersatz: Wer Käufer ist, schuldet den Kaufpreis (Rechtsnorm, vgl. § 433 Abs. 2); Untersatz: K ist Käufer (Sachverhalt).

Der Mittelbegriff (oben „B") ist hier „Käufer". Der Schluss-Satz lautet: Also schuldet K den Kaufpreis.

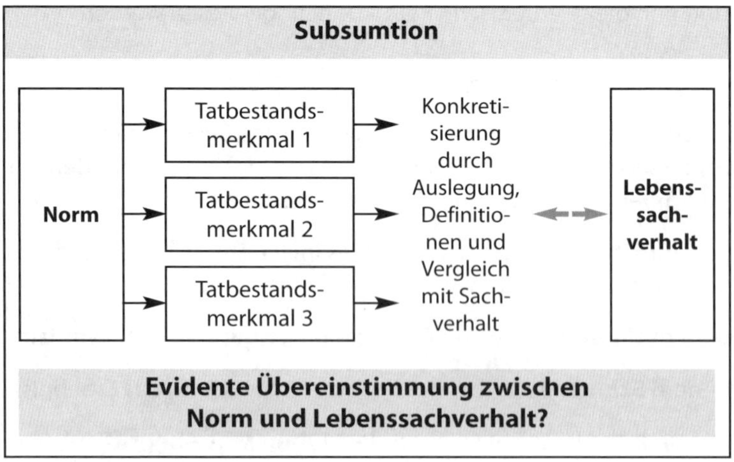

Ganz so einfach ist der syllogistische Schluss bei der Rechtsanwendung meistens jedoch nicht. Die oben dargestellte **Evidenz des gemeinsamen Mittelbegriffs** muss im Regelfall **erst noch hergestellt** werden. Durch die Subsumtion soll eine Verbindung zwischen der anzuwendenden Norm und dem konkret zu beurteilenden Lebenssachverhalt hergestellt werden. Dies ist nicht durch eine „Pauschalsubsumtion" des Sachverhalts unter die Norm möglich. Der Tatbestand der Vorschrift ist vielmehr in einzelne Tatbestandsmerkmale aufzugliedern. Anschließend sind die Tatbestandsmerkmale, soweit erforderlich, einzeln zu definieren und dann mit dem Sachverhalt zu vergleichen. Es genügt also nicht, die Tatbestandsmerkmale einfach mitzuteilen und anschließend den Sachverhalt zu wiederholen, sondern es muss eine **Beziehung zwischen beiden hergestellt** werden.

Beziehung zwischen Rechtsnorm und Sachverhalt herstellen

Die juristischen Begriffe sind hierbei so lange zu konkretisieren, bis ihre Übereinstimmung oder Nichtübereinstimmung mit dem Sachverhalt evident ist und von niemandem mehr vernünftigerweise in Zweifel gezogen werden kann. Je nach Sachverhalt können **verschieden viele Konkretisierungsschritte erforderlich** sein, wie folgendes **Beispiel** verdeutlicht:

Beispiele: Es muss geklärt werden, ob S in den folgenden Sachverhaltsvarianten i.S.v. § 812 Abs. 1 S. 1 Alt. 1 „etwas erlangt" hat.

!

Erlangtes Etwas kann jeder vermögenswerte Vorteil sein (Definition). Hierbei handelt es sich um eine sogenannte „Essenzialdefinition". Diese besteht aus dem gemeinsamen Oberbegriff, unter den auch andere Sachverhalte fallen (hier: Vorteil) und einem unterscheidenden Merkmal (hier: „vermögenswert").

Sachverhalt 1: G übereignet rechtsgrundlos einen 50-€-Schein an S.

Sachverhalt 2: G tilgt rechtsgrundlos Schulden des S in Höhe von 50 €.

Im **Sachverhalt 1** lautet der Vergleich nach dieser Definition:
Vermögenswerter Vorteil = Erwerb von Eigentum und Besitz an einem 50-€-Schein? Dies wird vernünftigerweise niemand bezweifeln. Die **Übereinstimmung ist evident**. S hat somit „etwas erlangt" i.S.v. § 812 Abs. 1 S. 1 Alt. 1.

Im **Sachverhalt 2** lautet der Vergleich nach dieser Definition:
Vermögenswerter Vorteil = Befreiung von einer Verbindlichkeit in Höhe von 50 €? Da es hier nicht positiv unmittelbar zu einem Vermögenszuwachs, sondern nur zu einer Verringerung der Passiva gekommen ist, könnte die Übereinstimmung noch bezweifelt werden. Sie ist also **noch nicht evident**. In einer Klausur nennt man das also ein Problem.

Bei fehlender Evidenz ist nähere Definition notwendig!

Wichtiger Grundsatz: *Alles, was nicht evident ist, muss begründet werden!*

!

Der Begriff des „vermögenswerten Vorteils" ist somit in einem weiteren Definitionsschritt noch näher zu konkretisieren (sogenannte **konkretisierende Definition**): Vermögenswerter Vorteil ist nicht nur der positive Vermögenszuwachs, sondern auch die Verminderung von Schulden (sogenannte **„Nominaldefinition"**; diese erklärt einen Begriff anhand von konkreten Beispielen). Auch Letztere wirkt sich nämlich vorteilhaft auf das Vermögen aus, da sich dessen Gesamtwert erhöht (das ist evident und muss nicht weiter begründet werden).

Nach dieser Konkretisierung lautet der Vergleich nun: Verminderung von Schulden = Befreiung von einer Verbindlichkeit in Höhe von 50 €. Das ist ein vermögenswerter Vorteil, also „etwas" i.S.v. § 812 Abs. 1 S. 1 Alt. 1.

Die Übereinstimmung ist **jetzt evident**. S hat „etwas erlangt" i.S.v. § 812 Abs. 1 S. 1 Alt. 1.

B. Vorgehensweise bei der Subsumtion

I. Aufbauschema für die Subsumtionsschritte

Aufbauschema: Schritte bei der Subsumtion

Aufbauschema:

I. Angabe der **Anspruchsgrundlage**

II. Bildung eines **Gesamtobersatzes** (aus **sämtlichen** Tatbestandsmerkmalen)

III. Aufspaltung des Tatbestands **in einzelne Tatbestandsmerkmale**

IV. Prüfung des **ersten** Tatbestandsmerkmals in folgenden Teilschritten:

- 1. Teilobersatz
- 1. Untersatz
- 1. Schluss-Satz

V. Prüfung der **weiteren** Tatbestandsmerkmale (jeweils in den Teilschritten wie IV.)

VI. Zusammenfassender Schluss-Satz

II. Erläuterung des Aufbauschemas

Erläuterung des Aufbauschemas

1. Zunächst ist die **zu prüfende Norm anzugeben**, d.h. die Anspruchsgrundlage zu benennen.

2. Danach muss **aus sämtlichen Tatbestandsmerkmalen** der Norm ein **Gesamtobersatz gebildet** werden.

3. Im dritten Subsumtionsschritt ist der Tatbestand der Norm **in einzelne Tatbestandsmerkmale (Teilobersätze) aufzuspalten**. Juristisches Denken ist Denken in Teilschritten! Jeder Teilschritt muss nacheinander „abgearbeitet" werden.

- Aufgreifen des ersten Tatbestandsmerkmals zwecks Auslegung/ Definition, um es dem Sachverhalt anzunähern. Konkretisierung so lange, bis die Übereinstimmung evident wird oder feststeht, dass sie nicht vorliegt.
- Subsumtion, d.h. Aufzeigen der Übereinstimmung oder Nichtübereinstimmung zwischen Tatbestandsmerkmal und Sachverhalt
- Teilergebnis Nr. 1

4. Nachdem das erste Tatbestandsmerkmal geprüft worden ist, werden nunmehr **die weiteren Tatbestandsmerkmale** aufgegriffen, **bei deren Prüfung in gleicher Weise verfahren** wird.

5. Schließlich ist ein **Endergebnis** zu bilden, **das die Antwort auf den Obersatz gibt**.

Anwendung des Aufbauschemas

Zusammenfassendes Beispiel: G übereignet dem S zum Zwecke der Tilgung einer Kaufpreisschuld einen 50-€-Schein. Der Kaufvertrag war von Anfang an nichtig. Hat G gegen S einen Anspruch aus § 812 Abs. 1 S. 1 Alt. 1?

G könnte einen Anspruch gegen S auf Rückübereignung der 50 € aus § 812 Abs. 1 S. 1 Alt. 1 haben (**Anspruchsgrundlage**, aus deren Voraussetzungen sich die Teilobersätze ergeben).

Dafür müsste S *etwas erlangt* haben *durch Leistung* des G *ohne Rechtsgrund* (Wiedergabe der einzelnen Tatbestandsmerkmale der Norm = **Gesamtobersatz**).

Nunmehr: Subsumtion des Sachverhalts = Untersatz unter die einzelnen Tatbestandsmerkmale der Norm mit dem syllogistischen Schluss.

- *Erlangtes Etwas* kann jeder vermögenswerte Vorteil sein **(Definition des 1. Teilobersatzes)**.

  Die Erlangung von Eigentum und Besitz an einem 50-€-Schein ist ein vermögenswerter Vorteil **(1. Untersatz)**.

  S hat somit „etwas erlangt" **(1. Schluss-Satz)**.

- Dies müsste *durch Leistung* des G erfolgt sein **(2. Teilobersatz)**.

  Leistung ist die gewollte und zweckgerichtete Mehrung fremden Vermögens **(Definition des 2. Teilobersatzes)**.

  G hat den 50-€-Schein zum Zwecke der Erfüllung der Verbindlichkeit aus dem vermeintlich bestehenden Kaufvertrag an S übereignet **(2. Untersatz)**.

  G hat den 50-€-Schein also an S geleistet **(2. Schluss-Satz)**.

- Die Leistung müsste *rechtsgrundlos* erfolgt sein **(3. Teilobersatz)**.

  Als Rechtsgrund kommt nur der Kaufvertrag in Betracht. Dieser war von Anfang an nichtig **(3. Untersatz)**.

  Rechtsgrundlosigkeit des Erwerbs liegt mithin vor **(3. Schluss-Satz)**.

- Endergebnis: Da die Voraussetzungen des § 812 Abs. 1 S. 1 Alt. 1 vorliegen, hat G einen Anspruch gegen S auf Rückübereignung des 50-€-Scheins **(zusammenfassender Schluss-Satz)**.

C. Weitere Rechtsanwendungstechniken

I. Auslegung

Aufgabe der Auslegung ist es, unklare Inhalte von Gesetzen, Willenserklärungen oder Verträgen zu bestimmen.

Die **Auslegung von Gesetzen** erfolgt nach den Auslegungsmethoden der klassischen Methodenlehre:

- nach dem Wortsinn (grammatikalische Auslegung)
- nach der systematischen Stellung im Gesetz (systematische Auslegung)
- nach der Entstehungsgeschichte (historische Auslegung) und
- nach dem Sinn und Zweck der Norm (teleologische Auslegung).

Bei der **Auslegung von Willenserklärungen** ist grundsätzlich zu unterscheiden:

- **empfangsbedürftige** Willenserklärungen (z.B. Kaufvertragsangebot) werden grundsätzlich entsprechend dem objektiven Empfängerhorizont ausgelegt
- bei **nicht empfangsbedürftigen** Willenserklärungen (z.B. Testament) ist hingegen der wirkliche Wille des Erklärenden zu erforschen.

Für die **Auslegung von Verträgen** sind die Methoden

- der **erläuternden** Auslegung (bei sogenannten Erklärungsfehlern) sowie
- der **ergänzenden** Auslegung (bei sogenannten Willensbildungsfehlern) heranzuziehen.

II. Lückenausfüllung

In dem Fall, dass sich bei der Rechtsanwendung erweist, dass das Gesetz nur eine lückenhafte Regelung getroffen hat, ist es notwendig, **die Lücke im Gesetz zu schließen**.

Allerdings ist insoweit zu differenzieren: Eine Gesetzes-„Lücke" besteht dann ***nicht****, wenn sich ergibt, dass es die Rechtsfolge vom Gesetz her* ***bewusst*** *nicht geben soll. Wird hingegen offensichtlich, dass es nach Sinn und Zweck des Gesetzes im Vergleich mit dem zu begutachtenden Fall an sich eine Regelung mit entsprechender Rechtsfolge geben müsste, erweist sich die Erforderlichkeit einer Lückenausfüllung (Erfordernis der sogenannten „planwidrigen Regelungslücke").* **!**

Eine Lückenausfüllung erfolgt vorrangig **im Wege der Analogie**. Voraussetzungen sind: (1) eine planwidrige Regelungslücke und (2) eine vergleichbare Interessenlage.

Denkbar ist auch eine **Lückenausfüllung durch eine Rechtsfortbildung**, d.h. eine Rechtsergänzung aufgrund allgemeiner, im Gesetz enthaltener Prinzipien (z.B. richtlinienkonforme Rechtsfortbildung des § 439 Abs. 4 bei Verbrauchsgüterkäufen, jetzt gesetzlich geregelt in § 474 Abs. 5 S. 1).

III.Teleologische Reduktion

Mittels der sogenannten teleologischen Reduktion wird der Anwendungsbereich einer Rechtsnorm aufgrund ihres Sinn und Zwecks (griech.: „telos") eingeschränkt. Voraussetzung ist insoweit, dass ein Sachverhalt von einer Rechtsnorm – an sich – erfasst wird, die Rechtsfolge im Vergleich zu anderen Fallbeurteilungen jedoch nicht passt (sogenannte „unerwünschte Rechtsfolge"). Entscheidend für die Einschränkung ist, ob die Interessenlage im geregelten Fall wesentlich anders ist als in dem zu begutachtenden Fall.

Im ***Verhältnis der teleologischen Reduktion zur (einengenden) Auslegung*** *lässt sich feststellen, dass eine teleologische Reduktion (nachrangig) nur dann erforderlich ist, wenn der Wortsinn eindeutig zu weit gefasst ist. Im* ***Verhältnis der teleologischen Reduktion zur Analogie*** *lässt sich sagen, dass* ***die telelogische Reduktion genau das Gegenteil der Analogie*** *ist – während bei der Analogie der Wortsinn unter Berücksichtigung des Normzwecks zu eng gefasst ist, ist er bei der Reduktion zu weit gefasst.* **!**

2. Teil: Grundwissen im BGB-AT

1. Abschnitt: Die zivilrechtlich erheblichen Handlungen

Entstehungsgründe für zivilrechtliche Rechtsfolgen

Manche zivilrechtlichen Rechtsfolgen entstehen, ohne dass jemand etwas dafür tun muss. So erwirbt z.B. der Erbe den Nachlass des Erblassers, ohne selbst aktiv tätig zu werden, nach § 1922 von selbst. Die meisten zivilrechtlichen Rechtsfolgen werden aber durch menschliches Handeln ausgelöst.

So setzt z.B. das Zustandekommen eines Vertrages voraus, dass die Beteiligten entsprechende Willenserklärungen (WEen) abgeben. Die Besitzerlangung (wichtig z.B. für § 861) setzt voraus, dass jemand die tatsächliche Gewalt über eine Sache erlangt (§ 854 Abs. 1). Die Schadensersatzpflicht nach § 823 Abs. 1 erfordert, dass jemand durch sein rechtswidriges und schuldhaftes Verhalten eines der dort genannten absolut geschützten Rechte oder Rechtsgüter verletzt.

Andererseits ist nicht jedes menschliche Verhalten zivilrechtlich erheblich. Wenn Sie z.B. jemanden grüßen, so löst das keine zivilrechtlichen Rechtsfolgen aus. Für die Klausur bedeutet das, dass Sie von vornherein die Handlungen auszusondern haben, welche keine zivilrechtliche Relevanz haben.

Wichtig ist das juristische Fundament

!

Die meisten Klausuren scheitern nicht daran, dass man irgendeine abgehobene Theorie nicht kennt, sondern an den grundsätzlichen Begriffen. Wer die nicht beherrscht, dem fehlt einfach das Fundament! Wer andererseits die fundamentalen Begriffe verstanden hat, der kommt bei der Klausurbearbeitung überhaupt erst auf die Probleme.

Beispiel: Nur wer weiß, dass der Besitzerwerb ein „Realakt" ist, der sieht bei der Prüfung des § 929 S. 1 das Problem, dass man sich bei der dort vorausgesetzten „Übergabe" nicht nach §§ 164 ff. vertreten lassen kann, sondern dass für diese Frage andere Lösungswege gesucht werden müssen.

A. Übersicht

Einteilung

Die zivilrechtlich erheblichen Handlungen lassen sich in folgendes Schema einordnen:

B. Erläuterungen

Definition der WE

Willenserklärung (WE) ist eine private Willensäußerung, an die das Gesetz die nach dem Inhalt der Erklärung gewollte Rechtsfolge knüpft.

Beispiel: V bietet dem K den Abschluss eines Kaufvertrages an. Die gesetzliche Rechtsfolge, Bindung an den Antrag (vgl. § 145), tritt deswegen ein, weil V dies nach dem Inhalt seiner Erklärung will (Stichwort: Privatautonomie).

Definition der geschäftsähnlichen Handlung

Geschäftsähnliche Handlung ist eine private Willensäußerung, die auf einen tatsächlichen Erfolg gerichtet ist, an die das Gesetz aber Rechtsfolgen knüpft.

Beispiel: G fordert seinen Schuldner S zur Zahlung auf (§ 286 Abs. 1). Die Mahnung ist eine geschäftsähnliche Handlung. Im Unterschied zur WE zielt sie nämlich nach ihrem Inhalt nicht auf einen rechtlichen, sondern auf einen rein tatsächlichen Erfolg (Inhalt der Mahnung: Der Schuldner soll zahlen). „(Rechts-)Geschäftsähnlich" ist die Mahnung deswegen, weil das Gesetz an sie ähnliche Folgen wie an eine WE knüpft (z.B. §§ 280 Abs. 1 u. 2, 286). Diese treten allerdings kraft Gesetzes ein und nicht deswegen, weil der Gläubiger sie erklärtermaßen will.

Definition des Realakts

Realakt ist ein rechtlich erhebliches tatsächliches Handeln.

Beispiel: Besitzerwerb nach § 854 Abs. 1.

2. Abschnitt: Willenserklärung und Rechtsgeschäft

A. Die Willenserklärung

I. Einführung: Bedeutung und Funktion der WE

Die WE ist Grundbestandteil jedes Rechtsgeschäfts. Jede private Willensäußerung (Gegenteil: Der Verwaltungsakt einer Behörde ist keine private, sondern eine dem öffentlichen Recht unterliegende Willensäußerung) eines Menschen, die auf die Herbeiführung einer Rechtsfolge gerichtet ist, kommt als WE in Betracht. WEen sind also auch durch schlüssiges Verhalten möglich.

Einordnung der WE in das BGB

II. Gesetzessystematische Einordnung

Der zweite Titel im dritten Abschnitt des BGB-AT trägt die Bezeichnung „Willenserklärung". Was sich allerdings weder in diesem Abschnitt noch an anderer Stelle im Gesetz findet, ist eine Definition der WE oder ihrer Bestandteile. Das Gesetz setzt diesen Begriff voraus. Die §§ 116 ff. enthalten nur punktuelle Regelungen zur WE.

Standort im Grundschema

III. Prüfungsstandort im Grundschema

Im Grundschema zum Anspruch kann die WE an mehreren Stellen relevant werden.

Dies soll anhand der folgenden Beispiele verdeutlicht werden:

Grundschema und Einordnung der WE
(Anspruch des ... gegen ... auf ... aus § ...)

Grundschema	Probleme
I. Anspruch entstanden	
1. Anspruchsvoraussetzungen	Kein Vertragsschluss ohne WE
2. Keine rechtshindernden Einwendungen	
3. Rechtsfolgen	
II. Anspruch (nicht erloschen)	
1. Voraussetzungen rechtsvernichtender Einwendungen	z.B. durch Anfechtungserklärung, § 143 (= WE)
2. Kein Ausschluss	
III. Anspruch durchsetzbar	
1. Keine rechtshemmenden Einreden	Problem: Erhebung der Einrede = WE oder geschäftsähnliche Handlung?
a) Einrede erhoben	
b) Voraussetzungen	
c) Kein Ausschluss	
2. Kein § 242	

IV. Die „ideale" Willenserklärung – Aufbau und Erläuterungen

Die fehlerfreie WE

1. Bestandteile der Willenserklärung

Wie schon die Bezeichnung verdeutlicht, besteht eine WE aus einer objektiven („Erklärung") und einer subjektiven („Wille") Seite.

Daraus ergeben sich die allgemein anerkannten Voraussetzungen der „idealen", d.h. völlig fehlerfreien WE. Das ist der gesetzliche Normalfall.

In Klausuren haben Sie es häufig mit pathologischen Abweichungen von diesem Normalfall zu tun. Damit Sie dies in der Klausur aber auch als Problem erkennen, ist es wichtig, zuerst den Normalfall zu kennen. **!**

2. Erläuterung der Bestandteile

Schon der Begriff der WE macht deutlich, dass zunächst eine innere (= subjektive) Komponente vorliegen muss, nämlich der Wille. Dieser Wille muss jedoch auch äußerlich (= objektiv) zum Ausdruck kommen, d.h. man braucht eine Erklärung. Für den Fall der idealen, also fehlerlosen Willenserklärung ist klar, dass sich inhaltlich das Geäußerte (die Erklärung) und der tatsächliche Wille decken müssen.

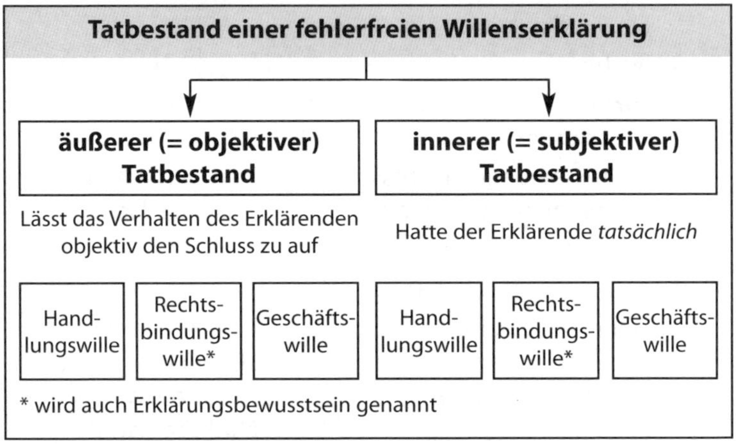

Die subjektive Seite der WE (Wille)

a) Die subjektive Seite der WE wird in drei aufeinander aufbauenden Stufen geprüft:

- Handlungswille,
- Rechtsbindungswille (= Erklärungsbewusstsein) und
- Geschäftswille.

Diese drei Bausteine sind, wie schon der Wortsinn (…-wille) zeigt, ausschließlich subjektiver Natur.

- **Handlungswille**

  Handlungswille bezeichnet den Willen eines Menschen, überhaupt eine Handlung vorzunehmen.

  Er fehlt daher nur, wenn ein Verhalten nicht willensgesteuert ist.

  Beispiel: A hypnotisiert B und lässt diesen dann einen Vertrag unterschreiben. Hier fehlt es am Handlungswillen. Eine Willenserklärung liegt also nicht vor.

- **Rechtsbindungswille (= Erklärungsbewusstsein)**

  Rechtsbindungswille liegt dann vor, wenn der Erklärende das Bewusstsein hatte, „irgendwie rechtsgeschäftlich" zu handeln.

- **Geschäftswille**

  Geschäftswille ist der Wille, ein konkretes Rechtsgeschäft abzuschließen.

  Beispiel: Wer einen Leihvertrag (unentgeltlich) abschließen will, dem fehlt der Geschäftswille z.B. für einen Mietvertrag (entgeltlich). Der Wille muss also auf die Herbeiführung einer konkreten Rechtsfolge abzielen.

!

Vergleicht man die Begriffe Handlungswille, Rechtsbindungswille (bzw. Erklärungsbewusstsein) und Geschäftswille, fällt auf, dass die Frage nach dem Willen von jeder Stufe zur nächsten konkreter wird. Es ist also zunächst zu fragen: Wollte der Erklärende überhaupt handeln (Handlungswille)? Wenn ja, wollte er sich auch rechtlich binden (Rechtsbindungswille)? Wenn ja, welche konkrete Rechtsfolge war gewollt (Geschäftswille)?

b) Objektiver Tatbestand der WE

Die objektive Seite der WE (Erklärung)

Die „Erklärungskomponente" der WE setzt voraus, dass der innerlich gebildete Wille in irgendeiner Form äußerlich zutage tritt.

Dabei ist zu unterscheiden: Der Wille kann zum einen ausdrücklich erklärt werden. Dieser Fall ist in der Regel unproblematisch.

Erläuterungsbedürftig sind in der Klausur schlüssige WEen.

Beispiel: A deutet morgens am Zeitungsstand verschlafen auf eine Zeitung. Dieses Verhalten stellt ein konkludentes Angebot auf Abschluss eines Kaufvertrages dar.

Konkludente WEen

Eine konkludente Erklärung stellt besondere Anforderungen an die Auslegung, ist aber einer ausdrücklichen Erklärung gleichgestellt. Der Begriff „stillschweigende" Erklärung, der oft synonym mit konkludentem Handeln verwendet wird, sollte vermieden werden, da eine zu große Verwechslungsgefahr mit dem Problemkreis „Schweigen als Willenserklärung" besteht.

Äußerlich muss eine WE den objektiven Schluss auf das Vorliegen von Handlungswille, Rechtsbindungswille und Geschäftswille in der Person des Erklärenden zulassen.

Der objektive Gehalt einer WE wird durch Auslegung ermittelt.

Beispiel: A möchte von B „ein Dutzend Äpfel kaufen", geht aber irrig davon aus, ein Dutzend seien lediglich 6 Äpfel (objektive Bedeutung: 12 Äpfel). Welchen Inhalt hat das Vertragsangebot des A, wenn B seinerseits irrig meint, ein Dutzend seien 14 Äpfel?

■ Die natürliche Auslegung

Nach § 133 ist für den Erklärungsgehalt einer Willenserklärung scheinbar der wirkliche (= tatsächliche) Wille des Erklärenden maßgeblich, selbst dann, wenn dieser im Wortlaut keinerlei Niederschlag gefunden hat.

Gedanke der Privatautonomie

Prinzip: Schutz der Willensfreiheit!

Der wirkliche Wille des A war auf den Erwerb von lediglich 6 Äpfeln gerichtet. Dies wäre nach § 133 dann auch eigentlich als Inhalt seiner WE zu verstehen.

Diese Auslegungsmethode würde aber bei empfangsbedürftigen WEen den Schutz des Erklärungsempfängers nicht hinreichend berücksichtigen. Schließlich kann dieser ja keine Gedanken lesen.

Der tatsächliche Empfängerhorizont

■ Die Auslegung nach dem tatsächlichen Empfängerhorizont

Denkbar ist auch, allein darauf abzustellen, wie der Empfänger die Erklärung tatsächlich verstanden hat. Eine solche Auslegung stellt einen maximalen Schutz des Rechtsverkehrs her. Dafür spricht § 157, der allerdings nach seinem Wortlaut nur Verträge erfasst. Da aber jeder Vertrag aus Willenserklärungen besteht, wird § 157 auch auf (empfangsbedürftige) WEen angewandt.

Prinzip: Verkehrsschutz!

B hat sich als Empfänger der empfangsbedürftigen Willenserklärung des A (das Vertragsangebot) unter „einem Dutzend Äpfel" nicht 12, sondern 14 Äpfel vorgestellt. Stellt man auf seine Sicht ab, wollte A von ihm 14 Äpfel kaufen. Der natürliche Wille des A (6 Äpfel) sowie der reale Wortsinn der Erklärung (12 Äpfel) würden danach keine Rolle spielen.

Der objektive Empfängerhorizont

■ Die Auslegung nach dem objektiven Empfängerhorizont

Die Lösung des Konflikts zwischen Willensfreiheit des Einzelnen (Privatautonomie) und Verkehrsschutz liegt nun darin, nicht auf den tatsächlichen Empfängerhorizont, sondern auf den objektiven Empfängerhorizont abzustellen.

Es kommt also nicht darauf an, wie der Empfänger die WE tatsächlich verstanden hat, sondern darauf, wie er sie nach Treu und Glauben mit Rücksicht auf die Verkehrssitte hätte verstehen müssen.

Man muss sich also einen objektiven, verständigen Dritten an die Stelle des Erklärungsempfängers denken und fragen, wie dieser objektive Dritte die Erklärung verstanden hätte.

Ein objektiver Dritter in der Rolle des Erklärungsempfängers B musste sich bei der Erklärung des A im Hinblick auf die verkehrsübliche Bezeichnung „ein Dutzend" darunter 12 Äpfel vorstellen. Dies stellt somit den Inhalt der Erklärung des A dar.

Sowohl der tatsächliche Wille des A als auch der tatsächliche Empfängerhorizont des B sind dabei unbeachtlich.

- **Sonderfall: Falsa demonstratio non nocet bei erkanntem Willen**

Falsa demonstratio non nocet

Haben die Parteien übereinstimmend denselben, nicht mit der objektiven Bedeutung übereinstimmenden Geschäftswillen, so gilt ausnahmsweise das übereinstimmend Gewollte („falsa demonstratio non nocet")

Beispiel: A möchte von B „ein Dutzend Äpfel kaufen", geht aber irrig davon aus, ein Dutzend seien lediglich 6 Äpfel, wovon der B ebenfalls ausgeht. In diesem Fall hat das Vertragsangebot des A den Inhalt 6 Äpfel, sodass dies auch der Kaufgegenstand ist.

V. Die Mindestvoraussetzungen einer WE

Die ideale WE, der Normalfall, bereitet an sich wenig Probleme. Deswegen spielt dieser in den Prüfungen keine große Rolle. Für die Prüfung interessant ist hingegen der „pathologische" Fall, also die Abweichung vom Normalfall, weshalb Sie sich diesen besonders vor Augen führen müssen.

Verhältnis der Voraussetzungen der WE zur Anfechtung

Wie § 119 Abs. 1 zeigt, kann sich jemand über den (objektiven) Inhalt seiner WE irren. Er wird dann am Inhalt seiner WE festgehalten, kann diese aber durch Anfechtung beseitigen. Dabei muss er allerdings Fristen beachten (vgl. z.B. § 121). Versäumt er die Anfechtungsfrist, so ist er an seine Erklärung unwiderruflich gebunden.

Gehört ein Bestandteil des subjektiven Tatbestandes der WE allerdings zu den Mindestvoraussetzungen einer WE, so liegt, falls er fehlt, keine zurechenbare WE vor. Dann muss man nicht anfechten, da man an die Erklärung auch ohne Anfechtung nicht gebunden ist.

!

In der Prüfungssituation ist somit entscheidend die Frage zu klären, was auf der subjektiven Seite zu den Mindestvoraussetzungen einer wirksamen (wenngleich auch anfechtbaren) WE gehört!

1. Mindestbestandteile einer WE und Fehlerfolgen

Mögliche Fehlerfolgen bei einer WE

Das Gesetz kennt drei grundlegende Fehlerfolgen:

- Fehlen die Mindestvoraussetzungen einer WE, so existiert überhaupt keine WE.
- Darüber hinaus kann eine existierende WE unwirksam (= nichtig) sein.
- Ferner kann eine WE wirksam, aber durch Anfechtung vernichtbar sein.

Wie das Gesetz das Fehlen einzelner Merkmale behandelt, zeigt folgende Übersicht:

2. Erläuterungen

Vier Fallgruppen

Wie im obigen Schema ersichtlich, können **vier Fälle** unterschieden werden; drei unproblematische und ein problematischer.

a) Die drei unproblematischen Fälle

- Unproblematisch keine WE liegt vor, wenn das Verhalten des Erklärenden (bei empfangsbedürftigen WEen) schon aus objektiver Empfängersicht nicht den Schluss auf Handlungs-, Rechtsbindungs- und Geschäftswillen zulässt.
- Unproblematisch keine WE liegt ferner vor, wenn auf subjektiver Seite der tatsächliche Handlungswille fehlt.
- Unproblematisch liegt umgekehrt selbst dann eine WE vor, wenn lediglich der tatsächliche Geschäftswille fehlt. Die bloße Existenz des Anfechtungsrechts (insbesondere §§ 119, 120) stellt klar, dass im Falle fehlenden Geschäftswillens (wegen Irrtums) die WE gerade nicht unwirksam, sondern wirksam, aber eben durch Anfechtung vernichtbar ist (Umkehrschluss aus § 119 Abs. 1).

b) Problemfall: Fehlendes Erklärungsbewusstsein

Problematisch und umstritten ist hingegen der Fall des fehlenden tatsächlichen Rechtsbindungswillens (= Erklärungsbewusstsein).

Problemfall: kein Rechtsbindungswille (Erklärungsbewusstsein)

Beispiel: X, der noch nie in seinem Leben eine Versteigerung gesehen hat, hebt die Hand, um seinen Freund zu begrüßen. Ein solches Winken, was normalerweise ein Gebot darstellt, veranlasst den Auktionator A dazu, dem X den Zuschlag zu erteilen. Ist ein wirksamer Kaufvertrag zustande gekommen?

Ein **Kaufvertrag** setzt eine Einigung der Parteien in Form von Angebot und Annahme voraus.

Hier könnte X **durch sein Winken** ein **Angebot** zum Abschluss eines Kaufvertrages abgegeben haben.

I. Ein solches Angebot stellt eine empfangsbedürftige WE dar. Fraglich ist nun, ob das Winken des X den Tatbestand einer WE erfüllt. Die Tatsache, dass hier keine ausdrückliche Erklärung, sondern nur ein Verhalten des X vorliegt, steht der Annahme einer Willenserklärung nicht im Wege; vielmehr ist von schlüssigem (= konkludentem) Handeln auszugehen.

Aus der Sicht eines verständigen Dritten in der Person des Auktionators lässt das Winken des X den Schluss darauf zu, dass er einen bestimmten Geschäftswillen hatte, der sich in einem konkreten Gebot niederschlug; der äußere Erklärungstatbestand liegt also vor.

II. Problematisch ist allerdings der **innere Tatbestand der WE**

1. Handlungswille liegt noch unzweifelhaft vor, da das Winken des X ein willensgesteuertes Verhalten war.

2. Allerdings war sich X nicht im Klaren darüber, dass sein Winken irgendwelche Rechtsfolgen auslösen könnte. Er hatte somit keinerlei Erklärungsbewusstsein (= Rechtsbindungswille).

Umstritten ist nun, ob **trotz fehlenden Erklärungsbewusstseins noch eine WE vorliegt**.

M.M.: keine WE

a) Eine Ansicht in der Lit. verneint dies. Sei sich der Erklärende nicht aktuell bewusst, dass er eine WE im Rechtssinn abgibt, so fehle der innere Erklärungstatbestand. Eine WE soll dann nicht vorliegen.

Für diese Ansicht spricht, dass das Gesetz im § 118 als dem einzigen geregelten Fall fehlenden Erklärungsbewusstseins die Nichtigkeit anordnet.

Wenn schon derjenige, der bewusst den äußeren Tatbestand einer WE setze, nur eine von vornherein unwirksame Erklärung abgebe, dann müsse aber doch die Erklärung desjenigen, der nur unbewusst den äußeren Erklärungstatbestand gesetzt habe, erst recht unwirksam sein (argumentum a maiore ad minus).

Darüber hinaus wäre der Grundsatz der Privatautonomie des Einzelnen verletzt, wenn man eine Erklärung ohne Erklärungsbewusstsein als WE behandeln würde.

H.M.: Lehre vom potenziellen Erklärungsbewusstsein

b) Die **h.M.** geht einen anderen Weg. Danach ist auch bei fehlendem Erklärungsbewusstsein eine WE gegeben, wenn der Erklärende bei Anwendung der im Verkehr erforderlichen Sorgfalt hätte erkennen können, dass die Erklärung objektiv als WE aufgefasst wird. Trotz tatsächlich fehlenden Erklärungsbewusstseins wird eine Erklärung also dem Erklärenden als WE zugerechnet, wenn er nur hätte erkennen können, dass sein Verhalten den Schluss auf einen Rechtsbindungswillen zulässt (sogenanntes „potenzielles Erklärungsbewusstsein"). Als Korrektiv verbleibt dem Erklärenden nur die Anfechtung gemäß § 119 Abs. 1 (analog).

c) Für die h.M. lässt sich anführen, dass § 118 lediglich den Sonderfall regelt, dass der Erklärende bewusst die Nichtgeltung seiner Erklärung will. Im Falle des fehlenden Erklärungsbewusstseins macht sich der Erklärende aber gerade keinerlei Vorstellung bezüglich seines Verhaltens. Er will also weder die Nichtigkeit noch die Wirksamkeit des Geschäfts.

Des Weiteren ist die Privatautonomie des Erklärenden hier nicht beeinträchtigt, da dieser die Wahl zwischen Erfüllung des Vertrages (§ 362) und Anfechtung seines Angebots (§ 119 Abs. 1) hat. Gerade wegen dieses Wahlrechts wird die h.M. der Willensfreiheit des Einzelnen sogar noch mehr gerecht als die Ansicht, die ohne Weiteres von der Nichtigkeit der Erklärung ausgeht.

Ferner spricht die Schutzbedürftigkeit des Erklärungsempfängers (Verkehrsschutz) für die h.M. Das Anfechtungsrisiko soll den Erklärenden treffen. Diese Risikoverteilung ist in § 119 Abs. 1 für den Fall geregelt, dass jemand rechtlich etwas anderes will; Gleiches muss aber auch gelten, wenn jemand rechtlich gar nichts will.

Diese Auffassung trägt somit beiden Interessen im Spannungsfeld Privatautonomie – Verkehrsschutz Rechnung und ist deshalb vorzugswürdig. Zwischen X und A ist ein Kaufvertrag zustande gekommen. X kann jedoch sein Angebot anfechten

!

Bei der Anfechtung der WE bei fehlendem Erklärungsbewusstsein handelt es sich nach h.M. um einen Anwendungsfall des § 119 Abs. 1. Insoweit ist umstritten, ob dieser direkt oder nur analog Anwendung findet, da dort an sich unmittelbar nur der Fall des fehlenden bzw. abwei-

chenden Geschäftswillens erfasst wird. Für das Ergebnis ist diese Streitfrage aber ohne Bedeutung.

VI. Wirksamwerden einer WE

Die vorstehenden Ausführungen befassten sich mit der Frage: Wann liegt eine WE vor und welchen Inhalt hat sie?

Davon zu trennen ist die Frage, wann die WE **wirksam** wird. Dies ist wichtig dafür, ab wann man an seine WE gebunden ist (vgl. § 130 Abs. 1 S. 1).

Arbeitsschritte somit: Existenz der WE – Wirksamwerden der WE

Arbeitsschritte

1. Anzuwendende Vorschriften und Übersicht

§§ 130–132 enthalten Sondervorschriften zum Wirksamwerden empfangsbedürftiger WEen. Auch hier liegt also die Unterscheidung Existenz – Wirksamkeit einer Willenserklärung zugrunde.

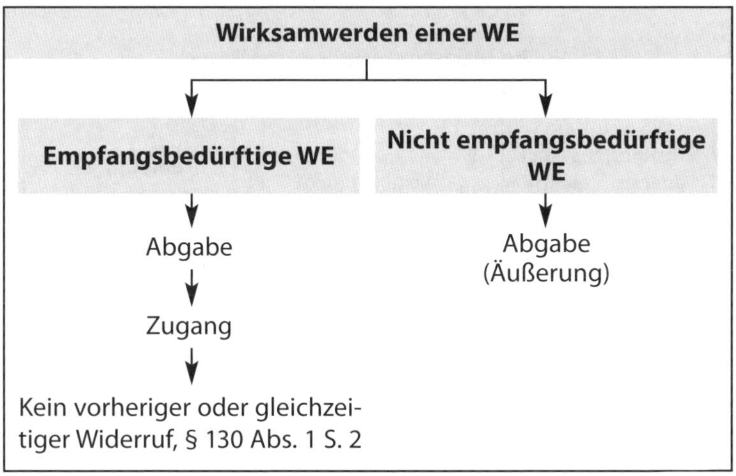

2. Definitionen und Erläuterungen

a) Empfangsbedürftige und nicht empfangsbedürftige WEen

Ist die WE „einem anderen gegenüber abzugeben" (§ 130 Abs. 1 S. 1), so ist sie empfangsbedürftig. Grundsätzlich sind alle WEen empfangsbedürftig, wenn sich nicht ausdrücklich aus dem Gesetz oder aufgrund des Regelungszusammenhangs ergibt, dass ein Zugang der Erklärung nicht erforderlich ist.

Beispiele: Auslobung (§ 657), Testament (§ 1937)

b) Abgabe

Abgabe einer WE

Nicht empfangsbedürftige WEen werden mit der Entäußerung wirksam.

Unter der Abgabe einer empfangsbedürftigen WE versteht man die willentliche Entäußerung der WE in den Rechtsverkehr, und zwar so, dass sie dem Empfänger ohne weiteres Zutun des Erklärenden zugehen kann.

c) Zugang

Zugang einer WE

Hinsichtlich des Zugangs ist zu differenzieren:

Zugang einer WE

- Hineingelangen in den Machtbereich des Empfängers
- Zugangszeitpunkt: Wenn bei normalen Verhältnissen mit Kenntnisnahme zu rechnen ist

WE im Machtbereich des Empfängers

WE ggü. dem **Empfänger selbst** oder ggü. einem **Empfangsvertreter**, § 164 Abs. 3	WE ggü. einem **Empfangsboten**	**Empfangsvorrichtung** (z.B. Briefkasten)
▪ mündliche WE, wenn vernehmbar geäußert ▪ verkörperte WE, wenn ausgehändigt	▪ mündliche WE, wenn gegenüber dem Boten vernehmbar geäußert ▪ verkörperte WE, wenn an Boten ausgehändigt	▪ Hineingelangen in die Empfangsvorrichtung

Zugangszeitpunkt

sofort	wenn mit Kenntnisnahme durch den Adressaten der WE zu rechnen ist, es sei denn, tatsächliche Kenntnisnahme früher

(aa) Nach § 130 Abs. 1 S. 1 werden empfangsbedürftige WEen **unter Abwesenden** erst mit Zugang wirksam.

Eine WE ist **zugegangen, wenn** sie so **in den Machtbereich des Empfängers gelangt** ist, dass **unter gewöhnlichen Umständen mit der Kenntnisnahme zu rechnen** ist („Machtbereichsformel").

WE unter Abwesenden: Machtbereichsformel

(bb) Für den Fall einer Erklärung **unter Anwesenden** enthält das Gesetz keine Regelung. Für eine **mündliche Erklärung unter Anwesenden** ist eine Erklärung nach h.M. dann zugegangen, wenn der Empfänger sie akustisch verstanden hat und der Erklärende damit rechnen durfte, dass der Empfänger die Erklärung richtig verstanden hat („abgeschwächte Vernehmungstheorie").

WE unter Anwesenden

(cc) Merke also: Trotz der vom Gesetz in § 130 Abs. 1 S. 1 klar geforderten Differenzierung zwischen Erklärungen unter **An- und Abwesenden** sollte man sich vor Augen führen, dass sinnvollerweise zwischen **verkörperten und mündlichen Willenserklärungen** unterschieden werden sollte.

Unterscheidung: verkörperte – mündliche WE

!

*Es gilt somit Folgendes: Immer dann, wenn eine **verkörperte** WE vorliegt, ist der Zugang nach der „Machtbereichsformel" zu begründen. Immer dann, wenn eine **mündliche** WE vorliegt, ist der Zugang nach der abgeschwächten Vernehmungstheorie zu begründen.*

Beispiel zur verkörperten Erklärung: V hat K am 30.01. sein Klavier für 1.000 € zum Verkauf angeboten. K erklärt dem V, dass er sich die Sache nochmals überlegen wolle, da er Zweifel habe, ob das Klavier in seine Wohnung passe. Er werde sich aber in den nächsten Tagen schriftlich bei V melden. Am 31.01. um 21.00 Uhr wirft K das Annahmeschreiben (= empfangsbedürftige WE) dem V persönlich in den Briefkasten. Wann ist die Annahme dem V zugegangen?

Hier liegt eine **verkörperte WE** vor, sodass im Ergebnis jedenfalls die **„Machtbereichsformel"** anzuwenden ist. Da die Erklärung hier unter Abwesenden erfolgt, ist § 130 Abs. 1 S. 1 unmittelbar anzuwenden. Die Annahme ist V zugegangen, wenn sie so in dessen Machtbereich gelangt ist, dass nach dem gewöhnlichen Lauf der Dinge mit Kenntnisnahme zu rechnen ist.

Anwendung der Machtbereichsformel

Durch Einwerfen in den Briefkasten des V ist die Erklärung zwar in den Machtbereich des V gelangt, mit Kenntnisnahme musste aber unter normalen Umständen erst am nächsten Morgen gerechnet werden. Die Annahme ist dem V erst am 01.02. zugegangen.

Abwandlung des Beispiels zur verkörperten Erklärung: Als K gerade am 31.01. um 21.00 Uhr auf dem Weg zu V ist, trifft er diesen zufällig vor der Haustür und übergibt ihm das Annahmeschreiben persönlich. Wann ist die Erklärung zugegangen?

Hier liegt ebenfalls eine **verkörperte WE** vor, sodass die **„Machtbereichsformel"** anzuwenden ist. § 130 Abs. 1 S. 1 kann jedoch nicht direkt angewendet werden, da der Wortlaut ausdrücklich nur Erklärungen unter Abwesenden umfasst. Eine abweichende Auslegung des § 130 Abs. 1 S. 1 würde gegen die Wortlautgrenze verstoßen und ist somit unzulässig. Allerdings kann hier von einer planwidrigen Regelungslücke bei vergleichbarer Interessenlage gesprochen werden, sodass § 130 Abs. 1 S. 1 analog angewendet werden kann. Bei Übergabe gelangt die Erklärung in den Machtbereich des V, anders als oben ist nun auch mit unmittelbarer Kenntnisnahme zu rechnen. Die Annahme ist also am 31.01. zugegangen.

Beispiel zur mündlichen Erklärung: Als K gerade am 31.01. um 21.00 Uhr auf dem Weg zu V ist, trifft er diesen zufällig vor der Haustür und erklärt ihm mündlich die Annahme. Zugang der Erklärung?

Abgeschwächte Vernehmungstheorie

Hier liegt eine **mündliche Erklärung unter Anwesenden** vor, für die das Gesetz keine Regelung hinsichtlich des Zugangs getroffen hat. Die h.M. wendet die **abgeschwächte Vernehmungstheorie** an. Danach müsste V die Annahme akustisch vernommen haben und K müsste davon ausgehen dürfen, dass V die Erklärung auch inhaltlich richtig verstanden hat. Dies ist hier unproblematisch der Fall. Die Annahme ist dem V (am 31.01.) zugegangen.

Abwandlung 1 zur mündlichen Erklärung: Ausgangslage wie oben. V ist schwerhörig, was K jedoch nicht weiß, weil es ihm bei den Vertragsverhandlungen nicht aufgefallen war. V hatte sich dort erfolgreich bemüht, dies zu verbergen. An diesem Abend ist das Gehör des V jedoch besonders schlecht, weshalb er kein Wort versteht. Zugang der Annahme?

Anzuwenden ist auch hier die **abgeschwächte Vernehmungstheorie:** V hat K akustisch vernommen; inhaltlich hat V allerdings den K nicht verstanden. Darauf kommt es aber (anders als nach der uneingeschränkten Vernehmungstheorie) gerade nicht an. Vielmehr ist zu fragen, ob K davon ausgehen durfte, dass V ihn verstanden hat. Dies ist hier, so wie der Fall geschildert ist, anzunehmen. Die Annahme ist also zugegangen.

Abwandlung 2 zur mündlichen Erklärung: Bevor K das Haus verlassen will, versucht er, den V zu fortgeschrittener Stunde (31.01., 21.00 Uhr) telefonisch zu erreichen. Mit Erfolg. Am Telefon teilt K dem V die Annahme mit. Zugang?

Hier liegt eine **mündliche Erklärung unter Abwesenden** vor. Eigentlich wäre § 130 Abs. 1 S. 1 anwendbar. Nach seinem zugrunde liegenden Rechtsgedanken erfasst § 130 Abs. 1 S. 1 aber nur den Zugang verkörperter Willenserklärungen nach der „Machtbereichsformel". Hier ist § 130 Abs. 1 S. 1 infolge einer teleologischen Reduktion nicht anzuwenden.

Aus dem **Rechtsgedanken des § 147 Abs. 1 S. 2** ist der Fall der mündlichen Erklärung unter Abwesenden dem Fall der mündlichen Erklärung unter Anwesenden gleichzustellen. Damit ist auch hier die **abgeschwächte Vernehmungstheorie** anzuwenden. Die Annahme ist wie oben zugegangen.

Sonderfall: Zugang bei Telefax oder E-Mail

(dd) Eine praxisrelevante – und infolgedessen zunehmend klausurrelevante – **Besonderheit** ist die Frage des Zugangs beim **Telefax** und bei der **E-Mail**.

Für den Zugang eines **Telefaxes** kommt es nach der Rspr. auf den Zeitpunkt an, in dem das Dokument **vollständig ausgedruckt** ist. Ein **OK-Vermerk im Sendebericht** ist **nur ein Indiz** für den Zugang, begründet aber keinen Anscheinsbeweis für den tatsächlichen Zugang, denn er belegt nur das Zustandekommen der Verbindung, nicht aber die erfolgreiche Übermittlung.

Bei der Übertragung von WEen per **E-Mail** ist **zu unterscheiden:** Während eine E-Mail bei **geschäftlicher** Nutzung während der Geschäftszeiten in der Regel sofort, spätestens mit Geschäftsschluss zugeht, geht eine E-Mail bei **privater** Nutzung erst am nächsten Tag zu.

Der Nachweis des Zugangs einer E-Mail bei ihrem Adressaten kann mit Eingangs- und Lesebestätigungen der E-Mail-Programme geführt werden.

d) Widerruf einer WE nach § 130 Abs. 1 S. 2

Eine empfangsbedürftige WE wird trotz Abgabe und Zugangs dennoch **nicht wirksam**, wenn dem Empfänger **vor dem Zugang oder gleichzeitig mit dem Zugang der Ausgangserklärung ein Widerruf (§ 130 Abs. 1 S. 2) zugeht**. Ein nach erfolgtem Zugang der Ausgangserklärung zugehender Widerruf ist aus Vertrauensschutzgesichtspunkten unbeachtlich und kann das Wirksamwerden der WE nicht mehr beeinträchtigen.

Beispiel zum Widerruf einer WE: K hat sich entschlossen, das Angebot des V über den Verkauf des Klaviers für 1.000 € anzunehmen. Er wirft das Annahmeschreiben (= empfangsbedürftige WE) am 31.01. um 21.00 Uhr persönlich in den Briefkasten des V. Wieder zu Hause angekommen, erzählt er nun auch seiner Frau, die er mit dem Klavier überraschen wollte, von dem Kauf. Nachdem er aber mit dieser wegen des Kaufs in heftigen Streit gerät, verfasst K einen Widerruf seiner Annahmeerklärung. Noch in derselben Nacht um 1.00 Uhr (am 01.02.) wirft er den Widerruf in den Briefkasten des V. Ist die Annahme wirksam?

Zugangszeitpunkt beim Widerruf

Die Annahme des Kaufangebots als empfangsbedürftige WE wird mit Abgabe und Zugang wirksam. Der Zugang erfolgte am 01.02. morgens. Der Wirksamkeit könnte jedoch ein Widerruf der Willenserklärung nach § 130 Abs. 1 S. 2 entgegenstehen. Ein Widerruf liegt vor. Fraglich ist, ob der Widerruf vor oder gleichzeitig mit der Ausgangserklärung zugegangen ist. Ein verspäteter Widerruf wäre unbeachtlich. Für den Zugang des Widerrufs gelten die gleichen Regeln wie für die Ausgangserklärung. Der Widerruf ist um 1.00 Uhr in den Machtbereich des V gelangt; mit Kenntnisnahme durch V war aber erst am nächsten Morgen zu rechnen. Der Zugang des Widerrufs erfolgte hier also zum gleichen Zeitpunkt wie der Zugang der Ausgangserklärung. Die Annahme wird nach § 130 Abs. 1 S. 2 nicht wirksam.

Abwandlung des Beispiels zum Widerruf einer WE: K wirft den Widerruf erst am nächsten Tag (also am 01.02.) um 15.00 Uhr bei V ein. Dieser leert seinen Briefkasten an diesem Tag ausnahmsweise erst um 16.00 Uhr. Dabei liest er zuerst den Widerruf, dann die Annahme. Ist die Annahme wirksam?

Rechtsfolge der tatsächlichen Kenntnisnahme

Die Annahme geht V am Morgen des 01.02. zu. Der Widerruf hingegen gelangt am 01.02. um 15.00 Uhr in den Machtbereich des V. Normalerweise wäre dann auch hier mit Kenntnisnahme erst am darauf folgenden Morgen (also am 02.02.) zu rechnen. Eine **Ausnahme** wird aber für den Fall gemacht, dass die **tatsächliche Kenntnisnahme vorher** erfolgt. Ab diesem Zeitpunkt ist V nicht mehr schutzwürdig. Der Widerruf ist somit bereits am 01.02. um 16.00 Uhr zugegangen. Trotz dieser Vorverlegung ist der Widerruf erst nach der Ausgangserklärung (01.02. morgens) zugegangen und somit unbeachtlich. Die Annahme des K ist wirksam geworden.

!

Merke somit: Ergänzung der „Machtbereichsformel":

Ergänzung der Machtbereichsformel

- *Erfolgt die **tatsächliche Kenntnisnahme** der WE **vor** dem Zeitpunkt, in dem unter gewöhnlichen Umständen mit Kenntnisnahme zu rechnen ist, so erfolgt der Zugang bereits im Zeitpunkt der tatsächlichen Kenntnisnahme.*
- *Erfolgt die **tatsächliche Kenntnisnahme** der WE **nach** dem Zeitpunkt, in dem unter gewöhnlichen Umständen mit Kenntnisnahme zu rechnen ist, so ist das für den Zugang unerheblich.*

Beispiele:
Einwurf eines Briefes am 01.05. um 23.00 Uhr; tatsächliche Kenntnisnahme: 23.30 Uhr. Zugang: 23.30 Uhr.
Einwurf eines Briefes am 01.05. um 23.00 Uhr; tatsächliche Kenntnisnahme: 03.05., 18.00 Uhr. Zugang: 02.05. morgens.

3. Klausurrelevante Probleme mit Einordnung

a) Abhanden gekommene WE

- Problemstandort im Schema:

  Ausgangsfrage: WE?
  - Wirksamwerden einer Willenserklärung
  - Abgabe

- **Beispielsfall:**

  K lässt die Annahmeerklärung des Kaufangebots des V auf seinem Schreibtisch liegen und geht spazieren, um es sich noch einmal zu überlegen. Inzwischen packt die Ehefrau des K, die E, den Brief mit der Annahme ohne Wissen des K zur sonstigen Post des K und wirft ihn in den Briefkasten. Die Annahme erreicht den V zwei Tage später. Ist die Annahme wirksam?

Rechtsfolge bei fehlender Abgabe der WE

  Problematisch ist hier die **Abgabe** der WE (Annahme). Dazu müsste K die WE **willentlich** in den Rechtsverkehr entäußert haben. Hier ist die Annahme des K aber ohne dessen Wissen in den Rechtsverkehr gelangt. Man spricht daher auch von einer **„abhandengekommenen WE"**. Es fehlt dann an der Abgabe. Die Annahmeerklärung ist nicht wirksam geworden.

b) Zugangshindernisse

- Problemstandort im Schema:

  Ausgangsfrage: WE?

- Wirksamwerden einer WE
  - Abgabe
  - Zugang

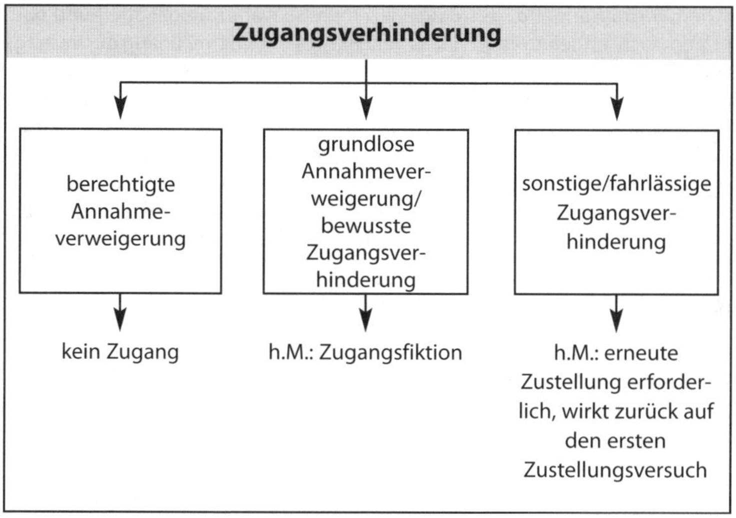

!

*Das Problem des Zugangshindernisses tritt grundsätzlich nur dann auf, wenn der Zugang einer **Annahme**erklärung oder der Zugang einer **einseitigen empfangsbedürftigen Willenserklärung** (z.B. Kündigungserklärung) verhindert wird. Hingegen stellt sich das Problem **nicht** beim Zugang eines **Angebots,** da es keine Verpflichtung des Empfängers gibt, ein ihm gemachtes Angebot entgegenzunehmen.*

Bei dem Problemkreis der Zugangsverhinderung sind **drei Fallgruppen** zu unterscheiden:

Bei **berechtigter Annahmeverweigerung** tritt kein Zugang ein. Bei **grundloser Annahmeverweigerung oder arglistiger, bewusster Zugangsverhinderung** wird der Zugang hingegen gemäß § 242 **fingiert**. Bei **sonstiger Zugangsverhinderung (fahrlässig keine Empfangsvorrichtung getroffen)** gilt: erforderlich ist ein **erneuter Zustellungsversuch**, der auf den Zeitpunkt des ersten Zustellungsversuchs **zurückwirkt**.

Beispiele:

Berechtigte Annahmeverweigerung: kein Zugang

1. B weigert sich, die unzureichend frankierte Kündigung des A anzunehmen, da er Strafporto zahlen müsste. Die ordnungsgemäße Frankierung fällt in die Risikosphäre des Erklärenden. Die Ablehnung des B war berechtigt.

Bewusste Zugangsverhinderung: Zugang fingiert

2. Als A nach vorangegangenen Vertragsverhandlungen dem B mündlich sein Vertragsangebot zum Abschluss eines Kaufvertrags machen will, hält sich B die

Ohren zu. In diesem Fall gilt die Erklärung als zugegangen, ohne dass es eines erneuten Zustellungsversuchs des A bedarf.

Fahrlässige Zugangsverhinderung: erneute Zustellung erforderlich; aber Rückwirkung

3. Nachdem A mit B Vertragsverhandlungen geführt hatte und mit dem schriftlichen Vertragsangebot des B rechnen musste, war er umgezogen und hatte keinen Nachsendeantrag gestellt. Hier hat A, der mit dem Zugang der Vertragserklärung zu rechnen hatte, die ihn im Rahmen bestehender oder angebahnter vertraglicher Beziehungen treffende vorvertragliche Nebenpflicht (vgl. § 241 Abs. 2) verletzt, geeignete Vorkehrungen zu treffen, dass ihn diese Erklärung auch erreicht. Hier wird der Zugang nicht fingiert. B muss einen erneuten Zustellungsversuch unternehmen, der dann aber auf den Zeitpunkt der ersten Erklärung zurückwirkt. A ist nämlich nach Treu und Glauben (vgl. § 242) der Einwand abgeschnitten, das Schreiben sei nicht angekommen.

B. Rechtsgeschäft und Vertrag

I. Das Rechtsgeschäft – Bedeutung und Einteilung

1. Definition

Ein **Rechtsgeschäft** ist ein Tatbestand, der aus mindestens einer WE besteht (sowie oftmals noch aus weiteren Elementen, etwa Realakt) und an den die Rechtsordnung den Eintritt des gewollten rechtlichen Erfolges knüpft.

2. Einteilung der Rechtsgeschäfte

Rechtsgeschäfte können grob gegliedert werden in einseitige und mehrseitige Rechtsgeschäfte.

- Einseitige Rechtsgeschäfte

  Dies sind solche Rechtsgeschäfte, die lediglich aus einer einzelnen WE bestehen. Kennzeichen ist die einseitige Gestaltungsmacht einer Partei.

  Beispiele: Kündigungserklärung, Anfechtungserklärung, Aufrechnungserklärung

- **Mehrseitige Rechtsgeschäfte**

  Diese bestehen aus mindestens zwei WEen.

  Beispiele: Schuldrechtliche Verpflichtungsverträge, sachenrechtliche Verfügungsverträge (§ 929 S. 1: Einigung = zwei WEen + Übergabe = Realakt), Eheverträge, Erbverträge etc.

Darstellung des schuldrechtlichen Vertrags

Im Folgenden soll nun das **wichtigste mehrseitige** Rechtsgeschäft, der **schuldrechtliche Vertrag**, näher behandelt werden.

II. Gesetzessystematische Einordnung

1. Systematisierung der wichtigsten Vertragstypen der §§ 433–811

Wichtigste Vertragstypen

- **Austauschverträge:** Leistungsgegenstand ist der Austausch von Leistungen.

  Beispiele: Kaufvertrag (§§ 433 ff., „Ware gegen Geld“); Tauschvertrag (§§ 480, 433 ff., „Ware gegen Ware“)

- **Tätigkeitsverträge:** Leistungsgegenstand ist die Erbringung von Diensten oder die Herbeiführung eines Erfolges.

  Beispiele: Dienstvertrag (§§ 611 ff., „Dienste gegen Geld“); Werkvertrag (§§ 631 ff., „Werkerstellung/Erfolg gegen Geld“); Reisevertrag (§§ 651 a ff., „Reiseleistungen gegen Geld“)

- **Gebrauchsüberlassungsverträge:** Leistungsgegenstand ist die Überlassung einer Sache auf Zeit.

  Beispiele: Miete (§§ 535 ff., „Gebrauchsüberlassung gegen Geld“); Pacht (§§ 581 ff., „Gebrauchsüberlassung + Fruchtziehungsrecht gegen Geld“); Leihe (§§ 598 ff., „unentgeltliche Gebrauchsüberlassung“)

- **Sonstige wichtige Verträge:**

  Beispiele: Schenkung (§§ 516 ff., „einseitige Vermögenszuwendung“); Auftrag (§§ 662 ff., „unentgeltliche Geschäftsbesorgung“); Bürgschaft (§§ 765 ff., „Einstehen für fremde Schuld“)

2. Die allgemeinen Regeln zum Vertragsschluss: §§ 145 ff.

§§ 145 ff. enthalten allgemeine Regeln über den Vertragsschluss durch Angebot (das Gesetz spricht von „Antrag“) und Annahme. Daher sind sie auf alle Vertragstypen des Schuldrechts anwendbar.

III. Aufbauschema zum Vertragsschluss

Prüfungspunkte beim Vertragsschluss

Aufbauschema:
Vertragsschluss durch Angebot und Annahme

I. Angebot
- **1. WE (Vorliegen der Mindestvoraussetzungen)**
  - **a)** Äußerer Tatbestand: insbesondere inhaltliche Bestimmtheit hinsichtlich der essentialia negotii
    - **aa)** Vertragsparteien
    - **bb)** Vertragsgegenstand
    - **cc)** (ggf.) Gegenleistung
  - **b)** Subjektiver Mindesttatbestand
- **2. Wirksamwerden der WE**
  - **a)** Abgabe
  - **b)** Zugang

II. Annahme
- **1. WE (Vorliegen der Mindestvoraussetzungen)**
  - **a)** Äußerer Tatbestand: deckungsgleich mit dem Angebot
  - **b)** Subjektiver Mindesttatbestand
- **2. Wirksamwerden der WE**
  - **a)** Abgabe
  - **b)** Zugang (ggf. nach § 151 entbehrlich)

IV. Erläuterung des Aufbauschemas

1. Angebot (= Antrag)

Definition des Angebots

Ein **Angebot** ist eine empfangsbedürftige WE, die auf Vertragsschluss gerichtet ist. Der konkrete Geschäftswille im objektiven Erklärungstatbestand muss hierbei inhaltlich so bestimmt sein, dass die Annahme durch ein einfaches „Ja" erfolgen könnte. Als **Mindestinhalt** jedes Vertragsangebots müssen die **essentialia negotii** enthalten sein.

Beispiel: Die bloßen Aussagen des A: „Ich möchte kaufen" oder „Ich möchte ein Jackett kaufen" sind grundsätzlich inhaltlich zu unbestimmt und daher kein Vertragsangebot. Der Erklärungsempfänger könnte nicht mit einem einfachen „Ja" die Annahme erklären.

2. Annahme

Die **Annahme** ist die vorbehaltlose Zustimmung zu einem konkreten Angebot und stellt ebenfalls eine empfangsbedürftige WE dar.

Definition der Annahme

3. Essentialia negotii

- Darunter versteht man die Mindestinformationen, die in einem wirksamen und hinreichend bestimmten Angebot enthalten sein müssen, nämlich:
  - Vertragstyp
  - Vertragsparteien
  - Leistung (= Vertragsgegenstand)
  - Gegenleistung (nur bei gegenseitigen Verträgen)
- Den Gegenbegriff bilden die sogenannten „accidentialia negotii" (dies sind die sonstigen Punkte, über die man sich nach dem Prinzip der Vertragsfreiheit einigen kann, z.B. Leistungszeit, Leistungsort etc.).

V. Klausurrelevante Probleme mit Einordnung

1. Invitatio ad offerendum

- **Prüfungsstandort:**

  Ausgangsfrage: Vertragsschluss?
  - Angebot
  - WE
    - objektiver Tatbestand der WE?
- **Erläuterung:**

  Die „invitatio ad offerendum" (wörtlich etwa: „Einladung zur Abgabe eines Angebots") liegt vor, wenn der Erklärende deutlich macht, dass er zwar ein Geschäft abschließen, sich aber (schon objektiv erkennbar) noch nicht binden will.

Definition der invitatio ad offerendum

  Beispiel: A möchte sein altes Auto verkaufen und gibt deshalb in der örtlichen Zeitung eine Anzeige auf. Würde man nun in der Anzeige ein nach § 145 bindendes Angebot sehen, so wäre A gegenüber jedem Kaufinteressenten an sein Angebot gebunden. Da ihn aber ein mehrfacher Verkauf ein und desselben Kfz zumindest gegenüber einigen Interessenten schadensersatzpflichtig machen würde, kann man als objektiver Dritter (Auslegung) nicht darauf schließen, dass A sich rechtlich binden wollte. A hat schon objektiv kein Vertragsangebot gemacht!

!

Aufbaufehler bei der invitatio ad offerendum

Ein Aufbaufehler liegt vor, wenn man das Problem der „invitatio ad offerendum" erst auf der subjektiven Seite der WE, nämlich beim Rechtsbindungswillen einordnet!

Fehlerhafte Formulierung: „Es liegt keine WE vor, da dem A der Rechtsbindungswille fehlt".

Die invitatio ad offerendum als Problem des objektiven TB

Wenn Sie unter der Dusche stehen, fehlt Ihnen auch der Rechtsbindungswille. Dieser dürfte Ihnen bei 99% Ihrer Tätigkeiten, die Sie im Laufe des Tages vornehmen, fehlen. Das ist nichts Besonderes, und schon gar kein juristisches Problem. Zu einem juristischen Problem wird der fehlende Rechtsbindungswille erst, wenn Ihr Verhalten aus der Sicht eines sorgfältigen Dritten den Schluss auf einen Rechtsbindungswillen zulässt. Das Problem ist daher dem **objektiven TB** der WE zuzuordnen!

Weitere typische Fälle der invitatio ad offerendum:

- Schaufensterauslagen
- Präsentationen von Waren beim Versandhandel im Internet (h.M.)

  Umstritten ist die Einordnung des Bereitstellens von Software im Internet. Zum Teil wird hier ein verbindliches Angebot angenommen, da der Verkäufer seinen Bestand nicht prüfen muss, weil er insoweit unbegrenzt leistungsfähig ist. Die Gegenansicht geht jedoch auch hier im Hinblick auf die Interessen des Verkäufers nur von einer invitatio aus, da technische Probleme bei der Übertragung auftreten könnten, und der Verkäufer dann eventuell Schadensersatzansprüchen ausgesetzt wäre.

2. Gefälligkeit

- **Prüfungsstandort:**

  Ausgangsfrage: Vertragsschluss?

  - Angebot
  - WE
    - Objektiver Tatbestand der WE

- **Erläuterung:**

  Problematisch kann die rechtliche Einordnung einer sogenannten **Gefälligkeit** sein, wenn also jemand für einen anderen tätig wird, ihm eine Sache überlässt oder dessen Sache aufbewahrt, ohne hierfür ein Entgelt zu bekommen.

Insoweit sind **drei Konstellationen** zu unterscheiden:

- Hat der Gefällige eine bloß **alltägliche Gefälligkeit** zugesagt oder ausgeführt, gibt er nach außen zu erkennen, dass er keinerlei rechtliche Bindung will. Mit diesem Verhalten (Zusagen oder Ausführen der Gefälligkeit) liegt somit keine WE vor, weshalb auch kein Vertrag zwischen den Beteiligten zustande kommt.

  Beispiel: A sieht, wie sein Nachbar N gerade das Haus verlässt, um zum Bäcker zu gehen und bittet ihn, ihm zwei Brötchen mitzubringen. N haftet dem A nicht auf Erfüllung oder Schadensersatz, wenn er dann jedoch vergisst, dem A die Brötchen mitzubringen.

- Ist hingegen der Gefällige zur Leistung verpflichtet (vgl. § 241 Abs. 1: sogenannte „Leistungspflicht"), soll derjenige, dem gegenüber die Gefälligkeit erbracht wird, einen Anspruch auf Erfüllung erlangen, ohne dass dafür eine Gegenleistung geschuldet ist. Gesetzlich geregelte Fälle eines solchen **Gefälligkeitsvertrags** stellen etwa die Schenkung (§ 516), der Leihvertrag (§ 598), die unentgeltliche Verwahrung (§ 688) oder der Auftrag (§ 662) dar.

- Umstritten ist, ob auch ein sogenanntes **Gefälligkeitsverhältnis** anzuerkennen ist, bei dem keine Leistungspflichten gemäß § 241 Abs. 1, sondern ausschließlich sogenannte Rücksichtnahmepflichten gemäß § 241 Abs. 2 bestehen. Während dies in der Literatur zum Teil mit der Begründung bejaht wird, dass das Gefälligkeitsverhältnis als ein rechtsgeschäftsähnliches Schuldverhältnis i.S.d. § 311 Abs. 2 Nr. 3 („ähnlicher geschäftlicher Kontakt") eingeordnet werden könne, lehnt der BGH dies ab. Seine Sicht begründet der BGH damit, dass eine **ohne Rechtsbindungswillen** (beachte: es heißt in § 311 Abs. 2 Nr. 3 auch gerade „ähnlicher **geschäftlicher (!)** Kontakt"!) eingegangene Gefälligkeit eine an das Vertragsrecht angelehnte Haftung nicht begründen könne, die gesetzlichen Bestimmungen über Rechtsgeschäfte können hiernach keine Anwendung finden.

  Beispiel: F nimmt an einer Tankstelle den ihm unbekannten Anhalter A mit. Auf der Fahrt verursacht dann der F leicht fahrlässig einen Unfall, bei dem der A verletzt wird. Nach der Rspr. des BGH scheitert ein – rechtsgeschäftlicher bzw. rechtsgeschäftsähnlicher – Anspruch aus §§ 280 Abs. 1, 241 Abs. 2 (311 Abs. 2 Nr. 3) daran, dass zwischen F und A kein Schuldverhältnis besteht, welches Rücksichtnahme- oder Schutzpflichten i.S.d.

§ 241 Abs. 2 begründet. In Betracht kommt allerdings eine gesetzliche Haftung aus Deliktrecht gemäß § 823 Abs. 1.

3. Offerte ad incertas personas

■ **Prüfungsstandort:**

Ausgangsfrage: Vertragsschluss?

- Angebot
- WE
  - objektiver TB der WE?
  - Vertragsparteien?

■ **Erläuterung:**

Die Offerte „ad incertas personas" (wörtlich etwa: „Angebot an unbestimmte Personen") bezeichnet ein **echtes Angebot** (Unterschied zur invitatio ad offerendum), das eben **nur nicht an eine bestimmte Person** gerichtet ist, sondern an eine im Zeitpunkt der Abgabe des Angebots **unbestimmte Personenmehrheit**. Normalerweise ist dem Gebot der inhaltlichen Bestimmtheit des Angebots nur dann entsprochen, wenn auch die Person des Vertragspartners eindeutig hervorgeht. Ausnahmsweise kann es jedoch gerade so sein, dass der Antragende sich keinen konkreten Partner aussuchen will und/oder kann. In diesen Fällen genügt eine Erklärung an die Allgemeinheit als Angebot.

!

Rechtslage, wenn Person des Vertragspartners gleichgültig

Mit der Figur der Offerte „ad incertas persones" wird der Privatautonomie des Einzelnen Rechnung getragen, dem die Person seines Vertragspartners völlig egal ist. Wer eben einen Vertrag ohne Ansehung der Person des Vertragspartners abschließen möchte, soll dies tun dürfen.

Vertragsschluss bei Kauf an Automaten

Beispiel: A wirft 4 € in einen Zigarettenautomaten des Z, woraufhin der Automat eine Schachtel Zigaretten auswirft. Was ist zivilrechtlich geschehen?

I. Es könnte zunächst ein Kaufvertrag nach § 433 zustande gekommen sein. Ein Vertragsschluss erfordert Angebot und Annahme, also zwei mit Bezug aufeinander abgegebene empfangsbedürftige WEen, die inhaltlich übereinstimmen. Als Kaufvertragsangebot kommt hier bereits das Aufstellen des Automaten in Betracht. Eine WE muss nicht ausdrücklich erklärt werden, sondern kann auch konkludent durch schlüssiges Verhalten zum Ausdruck kommen. Fraglich ist allerdings, ob das Aufstellen eines Warenautomaten den Schluss darauf zulässt, dass der Automatenaufsteller sich rechtlich binden will. Dies könnte hier deswegen verneint werden (mit der Konsequenz, dass das Aufstellen des Automaten nur eine invitatio ad offerendum wäre), weil der Automatenaufsteller sich bei einem leeren oder einem defekten Gerät unter Umständen Erfüllungs- oder Schadensersatzansprüchen seines enttäuschten Vertragspartners entgegensehen könnte.

II. Allerdings ist die WE des Z, die durch das Aufstellen des Automaten zum Ausdruck kommt, einer lebensnahen Auslegung zu unterziehen. Von einem Angebot des Z durch Aufstellen eines Automaten kann wohl nur ausgegangen werden, solange der Vorrat reicht und solange der Automat ordnungsgemäß funktioniert. Es kann somit bereits objektiv auf Rechtsbindungswillen des Z geschlossen werden.

III. Allerdings ist problematisch, ob ein objektiver Dritter auch erkennen konnte, mit wem der Z konkret einen Vertrag abschließen wollte. Möglicherweise ist der für ein Vertragsangebot erforderliche konkrete Geschäftswille des A objektiv nicht hinreichend bestimmt. Diese Bedenken sind unbegründet, wenn das Aufstellen des Automaten eine Offerte ad incertas personas darstellt. Hier war es dem Z egal, mit wem er einen Vertrag abschloss. Darüber hinaus wäre ein Vertragsangebot gegenüber nur einer einzelnen Person durch Aufstellen eines Zigarettenautomaten im höchsten Grad unpraktikabel. Es kann daher von einem Angebot an die Allgemeinheit durch Z ausgegangen werden. A hat dieses Angebot durch Einwurf der 4 € ebenfalls konkludent angenommen. Ein Zugang der Annahmeerklärung gegenüber Z ist nach § 151 S. 1 entbehrlich.

IV. Darüber hinaus wurden zwei weitere Verträge zwischen A und Z abgeschlossen: Zum einen die Übereignung der Zigaretten an A nach § 929 S. 1, zum anderen die Übereignung des Geldes an Z ebenfalls nach § 929 S. 1. Die sachenrechtliche Problematik kann jedoch in diesem Rahmen nicht erörtert werden.

Weitere typische Fälle der Offerte ad incertas personas:

- Bereitstellen öffentlicher Verkehrsmittel (h.M., streitig)
- Freischaltung einer Internetseite im Rahmen sogenannter Internetauktionen

4. Schweigen als Annahme

- **Prüfungsstandort:**

  Einordnung in das Schema

  Ausgangsfrage: Vertragsschluss?

  - Angebot
  - Annahme
    - WE
    - Ist aus objektiver Sicht der Schluss auf einen konkreten Geschäftswillen möglich?

- **Erläuterung:**

  Grundsätzlich hat Schweigen keinerlei Erklärungswert.

  Grundsatz und Ausnahme

  Von diesem Grundsatz existieren allerdings **Ausnahmen:**

- Ein Fall des sogenannten **„beredten Schweigens"** liegt vor, wenn die Parteien übereinstimmend dem Schweigen eine Bedeutung zukommen lassen wollen. In diesem Fall hat das Schweigen den von den Parteien vereinbarten Bedeutungsgehalt (Stichwort: Privatautonomie).

- Ein Fall des **normierten Schweigens** liegt vor, wenn ausnahmsweise das Gesetz selbst dem Schweigen eine Bedeutung beimisst. Die wichtigsten Fälle sind §§ 108 Abs. 2 S. 2, 177 Abs. 2 S. 2, 415 Abs. 2 S. 2, 516 Abs. 2 S. 2 sowie § 362 Abs. 1 HGB.

- In Ausnahmefällen kann **Schweigen als Willenserklärung gewertet** werden, weil **gemäß § 242** eine Rechtspflicht besteht, dem anderen gegenüber eine Erklärung abzugeben, wenn sein Schweigen nicht als Annahmeerklärung gewertet werden soll (z.B. Schweigen auf ein Angebot nach einverständlichen umfassenden Vorverhandlungen).

- Das **Schweigen auf ein kaufmännisches Bestätigungsschreiben** gilt gewohnheitsrechtlich als Zustimmung zu dessen Inhalt. Beachte dabei, dass das Schweigen auf das Bestätigungsschreiben nicht den Anforderungen einer WE entsprechen muss. Ein Vertrag kommt dann nach den anerkannten Grundsätzen des Gewohnheitsrechts zum kaufmännischen Bestätigungsschreiben zustande.

5. Zugangsverzicht nach § 151 S. 1

Einordnung des § 151

- **Prüfungsstandort:**

Ausgangsfrage: Vertragsschluss?

- Angebot
- Annahme
  - Wirksamwerden der WE
  - Abgabe der Annahmerklärung
  - Zugang der Annahmeerklärung?

- **Erläuterung:**

§ 151 macht nur den Zugang entbehrlich (lex specialis zu § 130)

§ 151 S. 1 enthält zwei Fälle, in denen (nur) der **Zugang** der Annahmeerklärung entbehrlich ist:

- Wenn der Antragende auf den Zugang der Annahmeerklärung verzichtet hat oder
- wenn nach der Verkehrssitte nicht mit dem Zugang zu rechnen ist.

Zu beachten ist, dass § 151 S. 1 die **Annahmeerklärung selbst** jedoch **nicht entbehrlich** macht!

Die Annahmeerklärung muss vorliegen

Beispiel: A bestellt per Telefax bei Hotelier H kurzfristig ein Hotelzimmer. H trägt A in die Gästeliste ein. Ist ein Beherbergungsvertrag zustande gekommen?

A kann nach der Verkehrssitte nicht erwarten, dass der Hotelier ihm so kurzfristig noch extra mitteilt, dass er das Angebot des A auf Abschluss eines Beherbergungsvertrages annehme. Die bloße Reservierung des Zimmers genügt als Betätigung des Annahmewillens, um einen Vertrag zustande kommen zu lassen.

!

*Zu beachten ist allerdings, dass im Falle einer **längerfristigen** Bestellung dagegen grundsätzlich mit einer Bestätigung (= Zugang der Annahmeerklärung) zu rechnen ist!*

6. Zusendung unbestellter Waren

Die Zusendung unbestellter Waren wurde früher als Angebot zum Abschluss eines Kaufvertrages und zur Übereignung angesehen, welches durch Ingebrauchnahme oder sonstige Aneignungshandlungen angenommen wurde.

Zusendung unbestellter Waren an Verbraucher: § 241 a

Durch die Regelung des § 241 a Abs. 1 wird nunmehr klargestellt, dass durch die Lieferung unbestellter Waren durch einen Unternehmer (§ 14 Abs. 1) an einen Verbraucher (§ 13) keinerlei Ansprüche begründet werden. Das bedeutet, dass hier auch Aneignungshandlungen nicht als Annahme angesehen werden können.

7. Besondere Vertragsschlusskonstellationen

a) Vertragsschluss an SB-Tankstelle

Vertragsschluss an SB-Tankstelle

Lange Zeit war sehr umstritten, wie der Kaufvertrag über an einer **Selbstbedienungstankstelle** getanktes Benzin geschlossen wird. Insoweit hat der BGH nunmehr aktuell entschieden, dass der Tankstellenbetreiber **bereits durch die Freigabe der Zapfsäule ein verbindliches Angebot** an einen unbeschränkten Personenkreis abgibt, einen **Kaufvertrag** gemäß § 433 über die in den Tank zu füllende Menge Benzin zu dem an der Zapfsäule angegebenen Preis abschließen zu wollen (= Angebot). Dieses Angebot **nimmt** der Kunde bereits **durch das Einfüllen des Benzins in den Tank** – und nicht erst an der Kasse – **an**. Der Zugang der Annahmeerklärung ist in diesen Fällen gemäß § 151 S. 1 Alt. 1 entbehrlich.

b) Vertragsschluss in SB-Läden

Vertragsschluss in SB-Läden

Anders als bei **Selbstbedienungsläden**, bei denen anerkannt ist, dass der Kunde das durch Bereitstellen der Ware im Laden unterbreitete Angebot **nicht bereits mit Ergreifen der Ware, sondern erst durch deren Vorlage an der Kasse annimmt**, wird nach Ansicht des BGH nämlich an einer **Selbstbedienungstankstelle** durch das Einfüllen des Kraftstoffs in den Tank ein praktisch **unumkehrbarer Zustand** geschaffen. Bei **Selbstbedienungsläden** kann hingegen die Kunden aus dem Regal entnommene Ware wieder **zurückgelegt und anschließend an einen anderen Kunden verkauft** werden.

c) Vertragsschluss bei einer Internet-Versteigerung

Der Vertragsschluss bei einer **Internetversteigerung** erfolgt **nicht gemäß § 156**, da die Mitteilung der Internetplattform an den Höchstbietenden, dass er den Kaufgegenstand erfolgreich ersteigert habe, keine eigene Willenserklärung enthält und daher kein Zuschlag ist. Daher erfolgt der Vertragsschluss insoweit durch Angebot und Annahme **gemäß §§ 145 ff.** (Vertragsschluss durch Zeitablauf).

Über die exakte Konstruktion (Stichwort: Stellt die Freischaltung der Angebotsseite des Verkäufers nur eine unverbindliche invitatio ad offerendum bzw. ein Angebot oder eine antizipierte Annahme des Verkäufers dar?) herrscht nicht gänzlich Einigkeit. Der BGH (und die die h.M.) wählt diejenige Konstruktion, die die AGB des jeweiligen Plattformbetreibers vorsehen. Er zieht die AGB, die unmittelbar nur zwischen Betreiber und jeweiligem Nutzer gelten, als „Verkehrssitte" i.S.d. § 157 zur Auslegung der Willenserklärungen der Nutzer untereinander heran.

1. Können Sie das Grundschema für die Prüfung eines Anspruchs benennen?

1. Erster Prüfungsschritt ist, ob der Anspruch **entstanden** ist. Hier ist zu überprüfen, ob die Anspruchsvoraussetzungen vorliegen, keine rechtshindernden Einwendungen eingreifen und festzustellen, was die Rechtsfolgen des Anspruchs sind. Im zweiten Schritt ist zu prüfen, ob der Anspruch aufgrund rechtsvernichtender Einwendungen **erloschen** ist. Schließlich muss in einem dritten Prüfungsschritt geprüft werden, ob rechtshemmende Einreden, die erhoben wurden, der **Durchsetzbarkeit** des Anspruchs entgegenstehen.

2. Was sind die Bestandteile einer Willenserklärung?

2. Beim Tatbestand einer Willenserklärung ist zwischen dem **äußeren (objektiven)** und dem **inneren (subjektiven) Tatbestand** zu unterscheiden. Der äußere Tatbestand muss **darauf schließen lassen**, dass der Erklärende Handlungswillen, Rechtsbindungswillen und einen bestimmten Geschäftswillen hat. Der innere Tatbestand setzt voraus, dass der Erklärende **tatsächlich** Handlungswillen, Rechtsbindungswillen (Erklärungsbewusstsein) und einen Geschäftswillen hat.

3. Wessen Sicht ist für die Auslegung des objektiven Gehalts einer empfangsbedürftigen Willenserklärung maßgeblich?

3. Entscheidend ist, wie ein **objektiver Empfänger** nach Treu und Glauben mit Rücksicht auf die Verkehrssitte die Willenserklärung hätte verstehen müssen.

4. Wann wird eine Willenserklärung wirksam?

4. Eine **empfangsbedürftige** Willenserklärung wird mit Abgabe und Zugang, eine **nicht empfangsbedürftige** bereits mit der Abgabe wirksam.

5. Wann tritt der Zugang einer Willenserklärung ein?

5. Eine Willenserklärung ist zugegangen, wenn sie so in den **Machtbereich** des Empfängers gelangt ist, dass unter gewöhnlichen Umständen **mit der Kenntnisnahme zu rechnen** ist.

6. Können Sie das Aufbauschema für den Vertragsschluss durch Angebot und Annahme (§§ 145 ff.) benennen?

6. Zunächst ist das Vorliegen eines **Angebots** erforderlich. Hier ist zu prüfen, ob die **Mindestvoraussetzungen einer Willenserklärung** (äußerer und innerer subjektiver Mindesttatbestand) vorliegen und die Willenserklärung durch **Abgabe und Zugang** wirksam geworden ist. Danach ist die gleiche Prüfung auf Seiten der **Annahmeerklärung** vorzunehmen.

3. Abschnitt: Die Rechtsfolgen der fehlerhaften WE

A. Einführung: Bedeutung und Funktion

Divergenz Wille – Erklärung

Im Folgenden wollen wir die fehlerhafte Willenserklärung behandeln. Eine Willenserklärung ist stets dann fehlerhaft, wenn der Wille von der Erklärung abweicht. Der 2. Abschnitt hat bereits deutlich gemacht, dass eine existierende Willenserklärung (d.h. wenn alle Mindestvoraussetzungen vorliegen) entweder voll wirksam oder unwirksam, aber eben auch (vorläufig) wirksam, aber anfechtbar sein kann.

Bedeutung der Anfechtung – Schutz der Privatautonomie

Die Bedeutung der Anfechtung liegt darin, dem Erklärenden, dessen Erklärung aus Verkehrsschutzgesichtspunkten mit einem Inhalt wirksam geworden ist, den er gar nicht wollte, eine Möglichkeit zu geben, sich von seiner Erklärung zu lösen. Letztlich dient die Anfechtung also der Privatautonomie. Niemand soll an eine Erklärung gebunden sein, die er nicht (so) abgeben wollte.

Gerade an dieser Stelle muss man sich die Regelungsmechanik des Gesetzes verdeutlichen, die auf den ersten Blick widersprüchlich anmutet. So soll durch die Auslegung nach dem objektiven Empfängerhorizont sichergestellt werden, dass im Interesse des Verkehrsschutzes der Erklärende an das objektiv Erklärte zunächst gebunden ist, auch wenn es gerade dem subjektiven Willen nicht entspricht. Dies ist aber kein Widerspruch, da dem Erklärenden durch das Anfechtungsrecht die Möglichkeit eingeräumt wird, noch nachträglich darüber zu entscheiden, ob seine Erklärung gelten soll oder nicht (Privatautonomie). Darüber hinaus ist der Anfechtende in der Regel dem Anfechtungsgegner zum Schadensersatz nach § 122 Abs. 1 verpflichtet. Der Gedanke des Verkehrsschutzes ist vom Gesetz somit ebenfalls ausgewogen beachtet worden.

B. Gesetzessystematische Einordnung

Die Vorschriften über die fehlerhafte WE

Regeln zur fehlerhaften Willenserklärung finden sich im AT in den §§ 116–144:

- **§§ 116–118: Bewusstes** Auseinanderfallen von Wille und Erklärung
- **§§ 119, 120: Unbewusstes** Auseinanderfallen von Wille und Erklärung (Irrtum); zugleich: 5 Anfechtungsgründe
- **§ 123: Sonderfälle** des Auseinanderfallens von Wille und Erklärung bei Täuschung oder Drohung; zugleich: 2 Anfechtungsgründe
- **§§ 121, 124:** Anfechtungs**fristen**

- **§ 122: Anspruchsgrundlage** auf Schadensersatz (Vertrauensschaden)
- **§ 142 Abs. 1: Rechtsfolge** der Anfechtung
- **§ 143:** Anfechtungs**erklärung** und Anfechtungs**gegner**
- **§ 144: Ausschluss** der Anfechtung

Im BGB gibt es grundsätzlich nur die oben genannten sieben Anfechtungsgründe. Besonderheiten bestehen im Erbrecht (§§ 2078, 2079).

!

Merke: Sieben reguläre Anfechtungsgründe

*Im Bereich der §§ 116–144 gibt es nur eine einzige Anspruchsgrundlage, nämlich § 122 Abs. 1. Die Anfechtung selbst ist keine Anspruchsgrundlage, sondern nach h.M. eine rechtsvernichtende Einwendung (a.A.: rechtshindernde Einwendung). In einer Anspruchsprüfung darf somit die Anfechtung **nur auf der Ebene der Einwendungen** auftauchen.*

C. §§ 116–118 (bewusstes Auseinanderfallen von Wille und Erklärung)

Bewusste Divergenz von Wille und Erklärung

Die §§ 116–118 enthalten Fälle, in denen der Wille **bewusst** von der Erklärung abweicht. Das Gesetz greift hier exemplarisch drei Fallsituationen heraus, die besonders regelungsbedürftig erschienen sind.

I. Prüfungsstandort im Grundschema

- Anspruch entstanden
  - Anspruchsvoraussetzungen
    - Rechtshindernde Einwendungen?

II. Aufbau und Erläuterungen

1. Geheimer Vorbehalt, § 116

Aufbauschema

I. Voraussetzungen:
1. Erklärung nicht ernst gemeint
2. Wille des Erklärenden, dass der Empfänger den Vorbehalt nicht erkennt

II. Rechtsfolge:
1. Bei Unkenntnis des Empfängers vom Vorbehalt: § 116 S. 1
→ Wirksamkeit der WE
2. Bei Kenntnis des Empfängers vom Vorbehalt: § 116 S. 2
→ Nichtigkeit der WE

§ 116 beschreibt den sogenannten **„bösen Scherz"**, da der Erklärende nicht will, dass sein innerer Vorbehalt vom Empfänger erkannt wird. Dies folgt nach dem Wortlaut aus der Formulierung „insgeheim". Satz 1 schützt den Rechtsverkehr, weil die WE, „so wie sie erklärt wurde" (objektiver Empfängerhorizont), wirksam ist. Der Vorbehalt ist also unerheblich.

Folgerichtig erklärt § 116 S. 2 die WE für den Fall für nichtig, dass der Empfänger den Vorbehalt des Erklärenden erkennt. Dann ist der Empfänger nämlich nicht schutzwürdig.

§ 116 als Wertung des Gesetzgebers

Auf den ersten Blick erscheint die Regelung des § 116 S. 2 überflüssig. Denn in dem Fall, dass der Erklärungsempfänger erkennt, dass der Erklärende in Wirklichkeit die Erklärung gar nicht abgeben wollte, lässt das Verhalten des Erklärenden gerade keinen Schluss auf einen Rechtsbindungswillen zu. Und – wie bereits dargestellt – liegt dann, wenn ein Mindestbestandteil einer WE fehlt, an sich gar keine WE vor. § 116 S. 2 geht dagegen von der Existenz einer WE aus, die dann aber nichtig sein soll. § 116 S. 2 wäre somit eigentlich überflüssig.

Allerdings muss man sich eben vor Augen führen, dass die Voraussetzungen einer WE gerade aus Vorschriften wie dieser hergeleitet wurden. § 116 S. 2 ist somit als Wertung des Gesetzgebers zu begreifen.

2. Scheingeschäft, § 117

Aufbauschema

I. Voraussetzungen
- **1.** Empfangsbedürftige WE
- **2.** Abgabe nur zum Schein
- **3.** Einverständnis des Empfängers

II. Rechtsfolge: Nichtigkeit der WE; § 117 Abs. 1 (simuliertes Geschäft)

III. Beachte § 117 Abs. 2: Falls ein anderes Geschäft verdeckt werden sollte (dissimuliertes Geschäft), so ist dies gültig, wenn dessen sonstige Voraussetzungen gegeben sind.

§ 117 Abs. 1 regelt das sogenannte **Scheingeschäft**. Wie im Fall des § 116 gibt der Erklärende auch hier eine WE nur zum Schein ab, d.h. unter dem Vorbehalt, das Erklärte gar nicht zu wollen. Charakteristisch für § 117 Abs. 1 ist das **einverständliche Zusammenwirken** zwischen Erklärendem und Erklärungsempfänger, was nur bei einer empfangsbedürftigen WE möglich ist. Bei § 116 hingegen will der Erklärende gerade, dass der Empfänger den Vorbehalt nicht erkennt.

Eigentlich liegt auch hier (genauso wie bei § 116 S. 2) schon gar keine WE vor, da bereits der objektive Tatbestand fehlt.

Ratio legis des § 117

Die ratio legis (der Gesetzeszweck) der Rechtsfolge „Nichtigkeit" (oder eben Nichtvorliegen einer WE) liegt hier im Gedanken der Privatautonomie. Stimmen beide Parteien darin überein, dass eine Erklärung nur zum Schein abgegeben wird, gibt es keinen schutzwürdigen Empfänger der WE.

Wird durch ein Scheingeschäft ein anderes Rechtsgeschäft verdeckt, so sind nach § 117 Abs. 2 die dafür geltenden Regeln anzuwenden.

„Klassisches Problem": Fehlende Beurkundung des verdeckten Geschäfts

Beispiel: A will B ein Grundstück zum Preis von 500.000 € verkaufen. Um Notarkosten zu sparen geben beide im notariellen Vertrag einen Kaufpreis von 250.000 € an. Dieser Betrag wird beurkundet (vgl. § 311 b Abs. 1 S. 1). Hat A gegen B einen Kaufpreisanspruch aus § 433 Abs. 2?

Der **beurkundete** Kaufvertrag über 250.000 € ist nach § 117 Abs. 1 als Scheingeschäft nichtig.

Ein Anspruch könnte aber in Höhe von 500.000 € bestehen, da die Parteien sich übereinstimmend über diese Summe geeinigt haben. § 117 Abs. 2 ordnet für diesen Fall grundsätzlich die Wirksamkeit des tatsächlich Gewollten an.

Allerdings finden alle für das tatsächlich gewollte Geschäft geltenden Vorschriften Anwendung, § 117 Abs. 2; so auch hier der Beurkundungszwang nach § 311 b Abs. 1 S. 1. Ein Kaufvertrag über 500.000 € wurde nicht notariell beurkundet. Somit ist der **gemeinsam gewollte** Vertrag über 500.000 € nach § 125 S. 1 nichtig.

A hat folglich keine Ansprüche gegen B.

Beachten Sie jedoch die Möglichkeit der Heilung des Formmangels nach § 311 b Abs. 1 S. 2!

!

Heilung beachten

3. „Guter Scherz", § 118

Aufbauschema
I. Voraussetzungen
1. Erklärung nicht ernst gemeint
2. Annahme des Erklärenden, die WE werde als nicht ernstlich erkannt (keine Täuschungsabsicht)
II. Rechtsfolge: Nichtigkeit der WE

Entscheidend ist die Sicht des Erklärenden

§ 118 regelt den sogenannten **„guten Scherz"**, da hier der Erklärende davon ausgeht, der Erklärungsempfänger werde die fehlende Ernstlichkeit erkennen. Für die Voraussetzungen des § 118 ist es also unerheblich, ob der Empfänger tatsächlich die fehlende Ernstlichkeit erkannt hat oder nicht. Es kommt hier **allein** auf die **subjektive Sicht des Erklärenden** an.

Anders fällt diese Beurteilung jedoch auf der Rechtsfolgenseite aus. Dort ist wie folgt zu differenzieren:

- **Erkennt** der Empfänger den Vorbehalt, **geht aber nicht darauf ein**, so fehlt schon der objektive TB einer WE.
- **Erkennt** der Empfänger den Vorbehalt und **geht er darauf ein**, so fehlt an sich ebenfalls schon der objektive TB einer WE. Es liegt ein Scheingeschäft vor; § 117 Abs. 1 greift vorrangig ein.
- **Erkennt** der Empfänger den Vorbehalt **nicht**, so liegt nach dem äußeren Tatbestand eine WE vor. Subjektiv fehlt es aber dem Erklärenden am Erklärungsbewusstsein. Dieser Fall ist der Hauptanwendungsfall des § 118. Rechtsfolge des § 118 ist die Nichtigkeit der WE.

D. Anfechtung

I. Prüfungsstandort im Grundschema

Die Anfechtung ist, je nachdem ob man sie als rechtshindernde oder rechtsvernichtende Einwendung ansieht, entweder bei dem Prüfungspunkt „Anspruch entstanden" oder „Anspruch erloschen" zu prüfen.

II. Aufbau und Erläuterungen

1. Aufbauschema

Aufbauschema
A. Zulässigkeit der Anfechtung (Anfechtbarkeit)
B. Voraussetzungen der Anfechtung
I. Anfechtungserklärung, § 143 Abs. 1
II. Des Anfechtungsberechtigten
III. Gegenüber dem Anfechtungsgegner, § 143 Abs. 2–4
IV. Mit Anfechtungsgrund, §§ 119–123
V. Innerhalb der Anfechtungsfrist, §§ 121, 124
VI. Kein Ausschluss der Anfechtung, §§ 144, 242
C. Rechtsfolge: § 142 Abs. 1: Grundsätzlich rückwirkende Nichtigkeit der WE (ex tunc)

2. Erläuterung des Aufbauschemas

a) Zulässigkeit der Anfechtung

Die Anfechtung ist **zulässig** bei WEen und geschäftsähnlichen Handlungen, da diese den WEen gleichgestellt werden.

Die Anfechtung ist **unzulässig** bei gesetzlichen Sonderregeln, die einem Anfechtungsgrund als speziellere Regelung vorgehen.

Beachte: Spezialregeln gehen vor

Beispiel: Die F heiratet den M. Schon in der Hochzeitsnacht stellt F fest, dass M schnarcht. Kann F die Eheschließung nach § 119 Abs. 2 wegen „Irrtums über eine verkehrswesentliche Eigenschaft der Person" anfechten? Nein, da die Regeln über die Eheaufhebung und Ehescheidung als Spezialvorschriften vorgehen.

Unzulässig ist die Anfechtung auch **bei fingierten WEen** sowie **bei Rechtsscheinstatbeständen**. Diese sind ja gerade von einem schutzwürdigen Willen des Betroffenen unabhängig.

Keine Anfechtung fingierter WEen und WEen kraft Rechtsscheins

b) Anfechtungserklärung

Die Anfechtung kann ausdrücklich oder schlüssig erklärt werden. In letzterem Fall muss aber aus der Erklärung unmissverständlich hervorgehen, dass die WE wegen eines Willensmangels nicht mehr gelten soll. Der **Anfechtungsgrund** selbst muss **nicht** genannt werden. Es reicht, wenn der Grund aus den vorgebrachten Tatsachen erkennbar oder dem Anfechtungsgegner ohnehin bekannt ist.

Typische Formulierungen, die darauf hindeuten, dass die Anfechtungserklärung in der Klausur problematisiert werden soll: „Ich fühle mich nicht mehr an meine Erklärung gebunden"; „Ich löse mich von meiner Erklärung"; „Ich betrachte den Vertrag als null und nichtig".

!

Anfechtung auch konkludent möglich

Eine Anfechtungserklärung unter einer Bedingung ist grundsätzlich nicht zulässig, da Gestaltungsrechte **bedingungsfeindlich** sind.

Bedingungsfeindlichkeit

c) Anfechtungsberechtigter

Anfechtungsberechtigt ist grundsätzlich derjenige, in dessen Person die Rechtsfolgen der anzufechtenden WE eintreten. Bei **Stellvertretung** ist also nicht der Vertreter, der die WE in fremdem Namen abgegeben hat, anfechtungsberechtigt, sondern der **Vertretene**, für den die WE wirkt. Handelt der **Vertreter ohne Vertretungsmacht** und haftet er dem Vertragspartner deswegen nach § 179, so treffen ihn die Folgen seiner WE. In diesem Fall muss man **ausnahmsweise ihm ein eigenes Anfechtungsrecht** zubilligen.

Anfechtungsberechtigung setzt Bindung an die WE voraus

d) Anfechtungsgegner

Wer richtiger Anfechtungsgegner ist, richtet sich nach § 143. Regelmäßig ist **bei Verträgen** Anfechtungsgegner nach § 143 Abs. 2 der andere Teil, also der **Vertragspartner**. § 143 Abs. 3 regelt, wer Anfechtungsgegner bei einseitigen empfangsbedürftigen Rechtsgeschäften, § 143 Abs. 4, wer Anfechtungsgegner bei nicht empfangsbedürftigen Rechtsgeschäften ist.

e) Anfechtungsgrund

Systematik der Irrtumsanfechtung

Hier muss nun die Prüfung eines oder mehrerer der **sieben** folgenden **Anfechtungsgründe** erfolgen. Die Anfechtungsgründe lassen sich in **zwei Gruppen** unterteilen. Die größere Gruppe von fünf Anfechtungsgründen behandelt die „normale" Irrtumsanfechtung. Die Tatbestände finden sich in den §§ 119 Abs. 1 und 2, 120. Daneben existieren zwei Sonderfälle der Anfechtung in § 123 Abs. 1, nämlich die arglistige Täuschung und die rechtswidrige Drohung.

Motivirrtum ist grundsätzlich unbeachtlich

Wichtig in diesem Zusammenhang ist insbesondere das **Stadium der bloßen Willensbildung**. Irrtümer in dieser Phase, die sogenannten **Motivirrtümer**, sind **grundsätzlich unbeachtlich**. Dies erklärt sich daraus, dass der Rechtsverkehr davor geschützt werden muss (Verkehrsschutz), dass Fehlvorstellungen, die der Willensbildung zugrunde liegen, dem Irrenden ein Anfechtungsrecht geben. Unerträgliche Rechtsunsicherheit wäre die Folge. **Ausnahmsweise** kann auch ein **Motivirrtum** für die Anfechtung **beachtlich** sein, sollte ein **Fall des § 119 Abs. 2 oder des § 123 Abs. 1** vorliegen. Diese Ausnahmeregelung ist grundsätzlich abschließend, d.h. es existieren daneben keine weiteren beachtlichen Motivirrtümer (Ausnahmen nur im Erbrecht, §§ 2078 Abs. 2, 2079).

Beispiele:

- A kauft bei B ein Auto, weil A davon ausgeht, dass der Wagen bei B am billigsten ist. Dies erweist sich als falsch.
- C kauft bei B ein Auto, um ihn seiner Freundin zur Hochzeit zu schenken, die – wie er glaubt – bald ansteht. Diese hat ihn jedoch bereits verlassen.
- D kauft bei B ein Auto, weil er hofft, am nächsten Tag die Führerscheinprüfung zu bestehen. Tatsächlich fällt er durch.

Eine Anfechtung aufgrund eines Inhaltsirrtums i.S.v. § 119 Abs. 1 Alt. 1 scheidet in jedem der drei Fälle aus, da A, C und D nur in den Motiven, die sie zum Kauf bewogen haben, irrten.

aa) Inhaltsirrtum, § 119 Abs. 1 Alt. 1

Aufbauschema
Voraussetzungen: **1.** Irrtum über den Inhalt seiner WE **2.** Bei der Abgabe der WE **3.** Keine Abgabe bei Kenntnis der Sachlage und verständiger Würdigung des Falles

Definition des Inhaltsirrtums

Ein Inhaltsirrtum liegt vor, wenn der Erklärende bei der Abgabe seiner WE über den Inhalt seiner Erklärung im Irrtum war. Ein Irrtum ist das **unbewusste Auseinanderfallen von Wille und Erklärung**. Der Erklärende wusste also, was er sagt, er wusste aber nicht, was er damit sagt.

Beispiel: A möchte sechs Äpfel kaufen und sagt zu B: „Ich möchte ein Dutzend Äpfel kaufen", da er irrig davon ausgeht, ein Dutzend seien sechs Stück. B sagt: „Einverstanden". Als B von A Bezahlung von zwölf Äpfeln verlangt, protestiert dieser und meint: „Einen Vertrag mit einem solchen Betrüger betrachte ich als null und nichtig". Kann B Bezahlung der zwölf Äpfel verlangen?

Ein Anspruch des B könnte sich aus § 433 Abs. 2 ergeben. Dazu müsste ein **Kaufvertrag** geschlossen worden sein.

Auslegung nach dem objektiven Empfängerhorizont

I. A hat B ein Vertragsangebot gemacht; fraglich ist, welchen Inhalt dieses Angebot hatte. Dies ist durch Auslegung nach dem objektiven Empfängerhorizont zu ermitteln. Ein verständiger Dritter in der Person des B hätte sich unter „einem Dutzend" zwölf Äpfel vorgestellt; diesen Inhalt hatte also auch die Erklärung des B. Die Tatsache, dass A einen anderen Geschäftswillen (nämlich Kauf von sechs Äpfeln) hatte, ändert an der Wirksamkeit der WE nichts. Dieses Angebot des A hat B angenommen. Ein Anspruch aus § 433 Abs. 2 ist entstanden.

II. Der Anspruch des B könnte jedoch nach § 142 Abs. 1 durch Anfechtung rückwirkend (ex tunc) erloschen sein.

Konkludente Anfechtung

Fraglich ist, ob A dem B als richtigem Anfechtungsgegner die Anfechtung auch erklärt hat (§ 143 Abs. 1). Hier hat A nicht ausdrücklich die Anfechtung erklärt, sondern nur klargemacht, dass er den Vertrag nicht mehr als wirksam betrachte. Dies genügt allerdings als Anfechtungserklärung, da exakte juristische Wortwahl einem Laien nicht zugemutet werden kann. Nach § 143 Abs. 2 war B als Vertragspartner der richtige Anfechtungsgegner. Als Anfechtungsgrund kommt hier ein Inhaltsirrtum nach § 119 Abs. 1 Alt. 1 in Betracht. Der erklärte Geschäftswille (zwölf Äpfel) und der tatsächliche Geschäftswille (sechs Äpfel) sind unbewusst auseinandergefallen. Ein Inhaltsirrtum liegt somit vor. Hätte A dies erkannt, hätte er auch bei verständiger Würdigung des Falles seine Erklärung nicht so abgegeben.

A hat die Anfechtung fristgemäß, also hier nach § 121 ohne schuldhaftes Zögern (unverzüglich), erklärt.

Rückwirkender Wegfall der WE

Das Vertragsangebot des A wird somit nach § 142 Abs. 1 rückwirkend vernichtet. Auf dieser Grundlage entfällt auch der Vertragsschluss rückwirkend. B hat gegen A keinen Anspruch aus § 433 Abs. 2.

bb) Erklärungsirrtum, § 119 Abs. 1 Alt. 2

Aufbauschema

Voraussetzungen:

1. Irrtum in der Erklärungshandlung (versprechen, verschreiben, vergreifen)
2. Bei der Abgabe der Willenserklärung
3. Keine Abgabe bei Kenntnis der Sachlage und verständiger Würdigung des Falles

Fehler in der Erklärungshandlung

Charakteristisch für den Erklärungsirrtum des § 119 Abs. 1 Alt. 2 ist der Irrtum **bei der Erklärungshandlung**. Das Auseinanderfallen von Wille und Erklärung, das den Irrtum ausmacht, basiert hier also auf einem Fehler **beim Erklärungsakt selbst**. Die Merkformel „versprechen, verschreiben, vergreifen" beschreibt treffend die einschlägigen Fälle.

Beispiel: A will von B schriftlich 15 Flaschen Wein bestellen. Versehentlich schreibt er 51 Flaschen. A kann seine Erklärung nach § 119 Abs. 1 Alt. 2 anfechten.

cc) Irrtum über verkehrswesentliche Eigenschaften einer Sache, § 119 Abs. 2 Alt. 2

Aufbauschema

I. Anwendbarkeit

II. Voraussetzungen

1. Irrtum über Eigenschaft einer Sache
2. Verkehrswesentlichkeit der Eigenschaft
3. Keine Abgabe bei Kenntnis der Sachlage und verständiger Würdigung des Falles

Sonderproblem: Anwendbarkeit

(1) Das erste Problem im Rahmen des § 119 Abs. 2 Alt. 2 ist regelmäßig das der **Anwendbarkeit**. Damit ist zum einen das Verhältnis zu anderen, spezielleren Vorschriften angesprochen. Ein Konkurrenzproblem besteht insbesondere im Verhältnis zu Sachmängelgewährleistungsansprüchen.

Dieses klassische Problem zwischen BGB AT und Schuldrecht muss spätestens nach dem Besuch der Schuldrechtsvorlesungen beherrscht werden und ist regelmäßig Prüfungsstoff. Im Anfangssemester wäre ein derartiges Problem wohl zu komplex. Vermerken Sie sich dieses Problem aber in Ihrem Lernplan und nehmen Sie es zum Anlass, das Gebiet der Irrtumsanfechtung zu rekapitulieren.

!

Zum anderen ist die Anwendbarkeit des § 119 Abs. 2 auch in dem Fall fraglich, in dem sich beide Parteien gemeinsam über den gleichen Umstand irren (sogenannter Doppelirrtum). Hier sind nach wohl h.M. die Grundsätze über die Störung der Geschäftsgrundlage gemäß § 313 vorrangig, da es unbillig sei, nur eine Partei die Risiken dieser Fehlvorstellung tragen zu lassen und sie im Fall der Anfechtung einseitig mit der Schadensersatzpflicht des § 122 Abs. 1 zu belasten (siehe hierzu auch unten S. 79 ff.!).

(2) Sachen i.S.d. BGB sind nach § 90 eigentlich nur körperliche Gegenstände. Dieser Sachbegriff greift jedoch bei § 119 Abs. 2 Alt. 2 zu kurz. „Sachen" i.S.v. § 119 Abs. 2 Alt. 2 sind auch nichtkörperliche Gegenstände, wie z.B. Forderungen.

Sachbegriff in § 119 Abs. 2 nicht identisch mit § 90

(3) Eigenschaften sind alle gegenwärtigen wertbildenden Merkmale, die ihren Grund in der Sache haben und von gewisser Dauer sind. Darunter fallen sowohl Elemente der natürlichen Beschaffenheit der Sache (z.B. Material, Qualität etc.) als auch die tatsächlichen und rechtlichen Verhältnisse und Umweltbeziehungen der Sache (Echtheit eines Kunstgegenstandes, Grundstückslage etc.)

Eigenschaftsbegriff

Der Preis einer Sache ist keine Eigenschaft. Der Preis ist kein wertbildender Faktor, sondern gerade das Ergebnis der Summe aller wertbildenden Faktoren. Auch die Eigentumslage ist grundsätzlich keine Eigenschaft.

Der Eigenschaftsbegriff ist von zentraler Bedeutung. Jedes Merkmal in obiger Definition kann Anlass zu umfangreicher Problemerörterung darstellen. Vertiefen Sie unbedingt Ihr Wissen in diesem Bereich.

!

(4) Verkehrswesentlichkeit

§ 119 Abs. 2 spricht von Eigenschaften, „die im Verkehr als wesentlich angesehen werden". Der typische wirtschaftliche Zweck eines Geschäfts, wie er nach der objektiven Verkehrsanschauung zugrunde gelegt wird, bestimmt somit die Verkehrswesentlichkeit einer Eigenschaft (objektive Bewertungsgrundlage). Eine nur subjektiv, also nur für eine Partei erhebliche Eigenschaft ist ausnahmsweise nur dann verkehrswesentlich, wenn diese Eigenschaft zum Inhalt der Erklärung gemacht wurde.

Verkehrswesentlichkeit bedeutet Geschäftswesentlichkeit

Aus dem Verweis auf § 119 Abs. 1 („als ... gilt auch ...") folgert man, dass auch hier erforderlich ist, dass der Erklärende die Erklärung bei Kenntnis der Sachlage und verständiger Würdigung des Falles nicht abgegeben hätte.

dd) Irrtum über Eigenschaften der Person, § 119 Abs. 2 Alt. 1

Aufbauschema:
I. Anwendbarkeit
II. Voraussetzungen
1. Irrtum über Eigenschaft einer Person
2. Verkehrswesentlichkeit der Eigenschaft
3. Keine Abgabe bei Kenntnis der Sachlage und verständiger Würdigung des Falles

Person i.S.v. § 119 Abs. 2

Als Person kommt jede natürliche oder juristische Person in Betracht. Diese Person muss nicht notwendigerweise der Erklärungsempfänger sein. Eine Anfechtung kann auch auf das Fehlen einer verkehrswesentlichen Eigenschaft eines Dritten gestützt werden, wenn dieser für die Abwicklung des Vertrages bedeutsam ist.

Beispiel: Anfechtung des Darlehensvertrages durch den Darlehensgeber wegen fehlender Zahlungsfähigkeit des Bürgen ist möglich, nicht hingegen die Anfechtung des Bürgschaftsvertrages durch den Bürgen selbst. Die Risikoübernahme durch den Bürgen ist gerade der Vertragszweck einer Bürgschaftsverpflichtung; diese darf durch die Anfechtung nicht sinnlos gemacht werden.

Eigenschaften der Person

Als Eigenschaften einer Person sind alle ihr persönlich anhaftenden Charakteristika zu verstehen, wie z.B. Alter, Gesundheitszustand, Vertrauenswürdigkeit, Konfession, Vorstrafen etc.

Geschäftswesentlichkeit der Eigenschaft

Die Verkehrswesentlichkeit bestimmt sich im Wesentlichen nach den oben genannten Kriterien. Besonders bedeutsam ist allerdings der Bezug der Eigenschaft zum konkret abgeschlossenen Geschäft. Die Geschäftswesentlichkeit einer Eigenschaft ist daher Grundvoraussetzung der Anfechtung. § 119 Abs. 2 ist eine Norm mit Ausnahmecharakter (Grundsatz: Motivirrtümer sind unbeachtlich) und bedarf daher der Einschränkung.

Beispiel: Ein Kaufvertrag über ein Auto kann nicht allein deshalb angefochten werden, weil der Käufer über die Konfession oder die Parteizugehörigkeit des Verkäufers im Irrtum war.

ee) Falschübermittlung, § 120

Aufbauschema:

Voraussetzungen:

1. Unrichtige Übermittlung einer Willenserklärung
2. Durch die übermittelnde Person oder Einrichtung (Erklärungsbote)
3. Unbewusst
4. Keine Abgabe der WE durch den Auftraggeber bei Kenntnis der Sachlage und bei verständiger Würdigung des Falles

§ 120 enthält zunächst eine **wichtige Grundaussage:** Die Einschaltung eines Erklärungsboten liegt im ausschließlichen Risikobereich des Erklärenden. Kommt es zu einer Falschübermittlung, so wird die falsche Erklärung dem Erklärenden als eigene zugerechnet und ist wirksam. Der Erklärende erhält aber ein Anfechtungsrecht.

Wertung aus § 120: Einschaltung eines Erklärungsboten ist Risiko des Erklärenden

Als Erklärungsbote kommen insbesondere Personen wie z.B. Dolmetscher und Einrichtungen wie z.B. die Telekom in Betracht. Als „Einrichtung" i.S.d. § 120 wird aber auch ein Provider eingeordnet, der zur Übermittlung von Willenserklärungen eingesetzt wird.

Der Grund der Unrichtigkeit muss **gerade in der Übermittlung** liegen. Hier erfolgt die in der Prüfung häufig problematische Abgrenzung zu § 119 Abs. 1. Zu dieser Abgrenzung folgende zwei Beispiele:

Abgrenzung § 120 zu § 119

Beispiel zu § 120: A möchte 12 Äpfel kaufen und sagt zu seinem Boten B: „Besorg mir bitte ein Dutzend Äpfel." B meint aber, ein Dutzend seien 14 Äpfel, und verlangt auch bei Händler C 14 Stück. In diesem Fall kann A **nach § 120** anfechten.

Beispiel zu § 119 Abs. 1: A möchte 6 Äpfel kaufen und meint aber irrig, ein Dutzend seien nur 6 Stück. Er trägt seinem Boten auf, ihm ein Dutzend Äpfel zu besorgen. B kauft zwölf Äpfel. Hier kann A nicht nach § 120, sondern **nach § 119 Abs. 1 Alt. 1** anfechten. § 120 greift nur ein, wenn der Bote unbewusst falsch übermittelt.

ff) Arglistige Täuschung, § 123 Abs. 1 Alt. 1

Aufbauschema:

Voraussetzungen:

1. Täuschung
2. Irrtum
3. Arglist
4. Kausalität der Täuschung für die Abgabe der Willenserklärung

Täuschung

(1) Eine **Täuschung** ist ein widerrechtliches Verhalten, durch das Tatsachen vorgespiegelt, entstellt oder unterdrückt werden. **Tatsachen** sind Umstände, die dem Beweis zugänglich sind; den Gegenbegriff stellen die Werturteile dar, die nicht umfasst sind. **Unproblematisch** ist der Fall der Täuschung **durch positives Tun**.

Beispiel: A erzählt B beim Verkauf eines Autos wahrheitswidrig, dass der Wagen unfallfrei sei. A hat B getäuscht.

Täuschung durch Unterlassen

Problematisch in der Prüfung ist häufig die Konstellation der Täuschung **durch Unterlassen** der gebotenen Aufklärung. Ob an ein positives Tun oder an ein Unterlassen anzuknüpfen ist, richtet sich nach dem Schwerpunkt der Vorwerfbarkeit. Ein Unterlassen ist nur dann für § 123 Abs. 1 Alt. 1 relevant, wenn eine **Rechtspflicht zur Aufklärung** bestand. Grundsätzlich muss nämlich jede Partei die für sie zum Abschluss eines Vertrages bedeutsamen Informationen selbst beschaffen; eine **allgemeine Aufklärungspflicht** hinsichtlich vertragsrelevanter Informationen **besteht somit nicht**.

Keine allgemeine Aufklärungspflicht

Nach **Treu und Glauben (§ 242)** besteht eine **Aufklärungspflicht** nur dann, wenn Umstände vorliegen, die den Vertragszweck vereiteln könnten und somit für den Entschluss der anderen Partei von wesentlicher Bedeutung sind. Es ist also zu fragen, ob nach der Verkehrsauffassung eine Aufklärung erwartet werden durfte. Eine Pflicht besteht auch, auf Nachfragen wahrheitsgemäß und vollständig zu antworten.

Beispiel: A verschweigt B beim Verkauf eines Autos wider besseren Wissens, dass der Wagen ein Unfallfahrzeug ist. A hat B durch Unterlassen getäuscht, da B nach der Verkehrsanschauung mit einer Aufklärung über einen so wesentlichen Umstand rechnen durfte.

Täuschung kausal für Irrtum

(2) Aufgrund der Täuschung muss beim Getäuschten ein Irrtum hervorgerufen worden sein. Eine **Mitursächlichkeit reicht** allerdings aus.

Arglist

(3) Das Merkmal der **Arglist** ist i.S.v. **Vorsatz** zu verstehen. Bedingter Vorsatz (dolus eventualis) reicht aus; fahrlässiges Verhalten soll ausgeschlossen werden. Es muss dem Täuschenden also bewusst sein, dass er durch sein Verhalten einen Irrtum beim Getäuschten hervorrufen kann.

Nach h.M. ist eine **Schädigungsabsicht nicht erforderlich**, da § 123 Abs. 1 die Willensfreiheit schützt. Auch eine gut gemeinte Täuschung berechtigt zur Anfechtung.

Täuschung durch „Dritten"

(4) Sonderfall Täuschung durch einen „Dritten": Nach **§ 123 Abs. 2** ist die Anfechtung wegen arglistiger Täuschung ausgeschlossen, wenn ein **„Dritter"** die Täuschung begangen hat und der Adressat der WE die Täuschung weder kannte noch kennen musste. Dritter im Sinne dieser Regelung ist aber nur ein **am Geschäft völlig Unbeteiligter**. Wer **dagegen mit Wissen und Wollen des Empfängers der WE** in die Vertragsverhandlungen eingeschaltet war, steht in dessen Lager. Der Empfänger der WE muss sich dessen Täuschung zurechnen lassen. Der Getäuschte kann dann gemäß § 123 Abs. 1 anfechten.

gg) Widerrechtliche Drohung, § 123 Abs. 1 Alt. 2

Aufbauschema:

Voraussetzungen:

1. Drohung
2. Widerrechtlichkeit
3. Kausalität der Drohung für die Abgabe der anzufechtenden Willenserklärung

Drohung

(1) Eine **Drohung** ist das Inaussichtstellen eines künftigen Übels, dessen Eintritt der Drohende aus der Sicht des Bedrohten in der Hand hat.

Widerrechtlich

(2) Die Widerrechtlichkeit der Drohung kann aus drei verschiedenen Umständen folgen:

- Zum einen kann der mit der Drohung verfolgte **Zweck** rechtswidrig sein. Dies ist dann der Fall, wenn der durch die Drohung bezweckte Erfolg verboten oder sittenwidrig ist. Nach h.M. liegt ein rechtswidriger Zweck nicht schon dann vor, wenn der Drohende lediglich keinen Anspruch auf die abgenötigte Willenserklärung hat.
- Auch das **Mittel** der Drohung kann unabhängig vom Zweck unzulässig sein, wenn z.B. mit etwas Verbotenem gedroht wird.

  Beispiel: Für den Fall, dass B nicht den Vertrag mit A unterschreibt, droht ihm A Prügel an.
- Eine Widerrechtlichkeit kann sich auch aus der **Zweck-Mittel-Relation** ergeben, obwohl sowohl der Zweck als auch das Mittel der Drohung für sich genommen noch nicht verwerflich wären. In diesem Fall folgt die Widerrechtlichkeit gerade aus der Verbindung von Mittel und Zweck. Hier muss besonders sorgfältig geprüft werden, inwieweit die Interessen des Drohenden mit

dem Schutz der Willensfreiheit des Einzelnen im Widerspruch zueinander stehen.

Beispiel: A schuldet dem B aus Kaufvertrag die Übereignung einer Sache. B hat A bei einer Verkehrsunfallflucht beobachtet. B droht A mit einer Anzeige, falls A ihm die Sache nicht sofort übereignet. A übereignet dem B daraufhin die Sache (§ 929 S. 1). Kann A die Übereignung nach § 123 Abs. 1 anfechten?

A kann nach § 123 Abs. 1 anfechten, wenn er von B rechtswidrig bedroht wurde und die Drohung ursächlich für die Abgabe seiner WE war. Das Drohungsmittel – Drohung mit einer Strafanzeige wegen einer tatsächlich begangenen Straftat – ist an sich nicht rechtswidrig. Das Drohungsziel – Übereignung der Sache –, auf die B einen Anspruch hatte, ist isoliert betrachtet auch nicht rechtswidrig. Die **Rechtswidrigkeit** der Drohung ergibt sich aber **aus der Mittel-Zweck-Relation**. Ziel und Mittel haben nämlich nichts miteinander zu tun. Da die Drohung auch für die Abgabe der WE des A kausal war, steht dem A ein Anfechtungsrecht nach § 123 Abs. 1 zu.

f) Anfechtungsfrist

Die **Irrtumsanfechtung (§§ 119, 120)** muss nach der Legaldefinition des **§ 121 Abs. 1 S. 1** unverzüglich, d.h. ohne schuldhaftes Zögern, erfolgen. Die Frist beginnt, wenn der Anfechtungsberechtigte vom Anfechtungsgrund Kenntnis erlangt.

Verzögerungsrisiko beim Anfechtungsgegner

§ 121 Abs. 1 S. 2 enthält eine gesetzliche Fiktion. Danach wird eine eigentlich nicht mehr unverzüglich erfolgte Anfechtungserklärung als fristgemäß behandelt, wenn sie nur rechtzeitig abgesendet wurde. Das **Verzögerungsrisiko** hinsichtlich der Anfechtungserklärung trägt somit der **Anfechtungsgegner**, der beispielsweise eine Anfechtungserklärung auch nach einem 4-wöchigen Poststreik noch gegen sich gelten lassen muss.

Verlustrisiko beim Anfechtenden

Geht die Anfechtungserklärung hingegen verloren, so geht dies zulasten des **Anfechtenden**; dieser trägt also das **Verlustrisiko**.

Absolute Ausschlussfrist

§ 121 Abs. 2 schließt eine Anfechtung nach über zehn Jahren aus. Dahinter steht der Gedanke, dass irgendwann im Interesse des Rechtsfriedens und der Rechtsklarheit ein Schlussstrich gezogen werden muss.

Anfechtungsfrist bei § 123 Abs. 1

Für die **Fälle des § 123 Abs. 1** enthält **§ 124** eine eigene Fristenregelung. Die Anfechtung aus § 123 Abs. 1 kann daher nur binnen Jahresfrist erfolgen; die Frist beginnt hier mit dem Ende der Täuschungs- oder Zwangslage. Diese lange Frist folgt aus der mangelnden Schutzwürdigkeit des Täuschenden bzw. des Drohenden. Auch hier enthält § 124 Abs. 3 eine Ausschlussfrist.

g) Kein Ausschluss der Anfechtung

Anfechtungsausschluss nach §§ 144 Abs. 1, 242

Die Anfechtung ist **ausgeschlossen**, wenn der Anfechtungsberechtigte das Geschäft **bestätigt** hat, **§ 144 Abs. 1**. Als Bestätigung kommt jede Erklärung des Berechtigten in Betracht, die darauf schließen lässt, dass er sein Anfechtungsrecht nicht ausüben will. Die Bestätigung ist eine **nicht empfangsbedürftige** Willenserklärung.

Die Anfechtung ist **nach Treu und Glauben (§ 242) eingeschränkt**, wenn sich die Erklärung in einen fehlerhaften und einen fehlerfreien Teil aufteilen lässt.

Beispiel: K bestellt bei V „ein Gros" Toilettenpapierrollen (= 144 Stück). K ficht seine WE mit der Begründung an, er habe gemeint, ein Gros wäre die Bezeichnung für ein Doppelpack. Nach § 242 muss K auf Verlangen des V ein Doppelpack bezahlen.

h) Rechtsfolge: § 142 Abs. 1

Rückwirkende Nichtigkeit

Der Zugang der Anfechtungserklärung beim richtigen Anfechtungsgegner löst die Rechtsfolge des § 142 Abs. 1 aus. Danach ist die angefochtene WE **grundsätzlich rückwirkend, also ex tunc, nichtig**. Dies bedeutet, dass das Rechtsgeschäft so angesehen wird, als hätten es die Parteien nie vorgenommen.

!

In den Vorlesungen zum Arbeits- und Gesellschaftsrecht werden Sie kennen lernen, dass, für den Fall dass ein Arbeitsvertrag bzw. Gesellschaftsvertrag bereits in Vollzug gesetzt wurde, bei diesen beiden Dauerschuldverhältnissen die Anfechtung nur für die Zukunft (ex nunc) wirkt. Im Anfangssemester kann dieses Wissen aus dem Bereich der zivilrechtlichen Nebengebiete jedoch noch nicht verlangt werden.

Anfechtung kassiert

Es erfolgt keinerlei Vertragsanpassung, sondern es entfällt lediglich die angefochtene WE. Die Anfechtung **kassiert nur, sie reformiert nicht**. Nach h.M. beseitigt die Anfechtung nicht den Vertrag, sondern nur eine für den Vertrag notwendige WE (und damit letztlich natürlich auch den Vertrag).

III. Klausurrelevante Probleme mit Einordnung

1. Ungelesene Urkunde

a) Prüfungsstandort

- Ausgangsfrage: Anspruch durch Anfechtung erloschen?
  - Voraussetzungen der Anfechtung
    - Anfechtungsgrund

- § 119 Abs. 1
- Irrtum über den Inhalt einer Willenserklärung?

b) Erläuterung

Dieses Problem stellt sich, wenn jemand ein Schriftstück unterschreibt, ohne den Inhalt zu kennen. Es kommt dabei allein auf die tatsächlichen Vorstellungen des Unterzeichnenden an:

Rechtslage bei fehlendem Rechtsbindungswillen

- Glaubt der Unterzeichner, durch seine Unterschrift **gar nicht rechtsgeschäftlich** zu handeln, kommt eine Anfechtung **analog § 119 Abs. 1 Alt. 1 nur wegen fehlenden Erklärungsbewusstseins** in Betracht.

  Beispiel: A glaubt, er gebe ein Autogramm. In Wirklichkeit unterschreibt er eine Bürgschaftsverpflichtung, was er bei gehöriger Sorgfalt hätte erkennen können. Ist seine WE wirksam? Was muss A ggf. tun? A handelte ohne aktuelles Erklärungsbewusstsein. Hätte A nicht erkennen können, dass er eine WE abgibt, läge bereits gar keine WE vor. Da aber A die Reichweite seines Handelns erkennen konnte, liegt eine wirksame WE vor. A kann diese nach § 119 Abs. 1 Alt. 1 analog anfechten.

Konkrete Fehlvorstellung

- Macht sich der Unterzeichner **zwar konkrete Vorstellungen vom Inhalt, die in Wirklichkeit aber nicht zutreffen**, so kann er seine Erklärung **nach § 119 Abs. 1 Alt. 1 wegen Inhaltsirrtums** anfechten.

  Beispiel: A unterschreibt ungelesen ein Schriftstück. Dabei geht er davon aus, es handele sich um eine Darlehensverbindlichkeit i.H.v. 50.000 €. Tatsächlich geht es jedoch um 100.000 €. A kann anfechten.

2. Kalkulationsirrtum

Ein Kalkulationsirrtum liegt vor, wenn dem Erklärenden ein Fehler bei der Berechnung des Preises unterlaufen ist. Es handelt sich also um einen Irrtum, der der Abgabe der WE vorgelagert ist.

!

Beachten Sie, dass der Kalkulationsirrtum ein in der Praxis – und infolgedessen auch der Klausurenpraxis – häufig vorkommendes Problem darstellt!

Ursachen für Kalkulationsirrtum

Beispiel: Ein Handwerker beteiligt sich an einer öffentlichen Ausschreibung für den Bau einer Kläranlage. Bei der Aufstellung eines Angebots können ihm nun mehrere Fehler passieren. So kann er z.B. vergessen, in die Aufstellung einen Materialposten mit aufzunehmen. Oder der Posten steht zwar in seinem Angebot, ist aber versehentlich zu niedrig angesetzt. Auch, wenn er alles beachtet hat, kann es ihm immer noch passieren, dass er sich beim Addieren der Positionen verrechnet.

Weiteres Beispiel: Ein Geschäftsmann macht ein Sonderangebot für 100 € und hat es so kalkuliert, dass er dabei noch einen Gewinn von 10 € macht. Da er aber einen Posten übersehen hat, macht er später pro verkauftem Artikel einen Verlust von 10 €.

In allen genannten Fällen entsteht zwischen den Parteien ein Interessenkonflikt. Der Kunde hat ein gutes Geschäft gemacht. Daran möchte er natürlich nichts ändern. Der Geschäftsmann möchte Gewinne machen und keine Verluste. Sein Interesse geht daher dahin, dass er am Besten den Fehlbetrag vom Kunden nachfordern kann, oder, wenn dies nicht möglich ist, wenigstens die Möglichkeit hat, sich wieder vom Vertrag zu lösen. Die Lösung des Problems ist umstritten.

Da es in diesem Skript nur um die Grundlagen geht, soll im Folgenden **nur der Lösungsvorschlag der h.M. dargestellt** werden.

a) Prüfungsstandort

Sechs Lösungsmöglichkeiten

- Die Rechtsordnung bietet als Antwort auf das Problem **sechs Lösungsmöglichkeiten** an, die aber nicht zur freien Auswahl stehen. Welche der sechs Möglichkeiten zum Zug kommt, hängt von den Besonderheiten des Falles ab.

  Möglichkeit Nr. 1: Der Vertrag wird so ausgelegt, dass der Kunde die richtig errechnete Summe schuldet.

  Möglichkeit Nr. 2: Der Vertrag wird an den nicht berücksichtigten Umstand angepasst, d.h. der Vertragspartner muss ebenfalls nachzahlen.

  Möglichkeit Nr. 3: Wer sich verkalkuliert hat, kann sich vom Vertrag lösen.

  Möglichkeit Nr. 4: Wenn der Vertragspartner die Pflicht hatte, denjenigen, der sich verkalkuliert hat, auf den Irrtum hinzuweisen, so kann er diesem gegenüber möglicherweise schadensersatzpflichtig sein.

  Möglichkeit Nr. 5: Das unveränderte Festhalten am Vertrag kann eine unzulässige Rechtsausübung darstellen, sodass der Anspruch aus dem Vertrag nicht durchgesetzt werden kann.

  Möglichkeit Nr. 6: Der Vertrag bleibt so, wie er abgeschlossen wurde. Wer sich verkalkuliert, trägt den Verlust.

Prüfungsstandort der einzelnen Möglichkeiten

- **Konsequenzen für den Prüfungsstandort im Grundschema:**

  Möglichkeit Nr. 1 ist im Grundschema zuerst zu erörtern, nämlich an folgender Stelle:

Aufbauschema

Anspruch des ... gegen ... auf ... aus § ... ?

I. Anspruch entstanden?

1. Anspruchsvoraussetzungen
2. (keine) Rechtshindernden Einwendungen
3. Rechtsfolge?

   → Auslegung?

Möglichkeit Nr. 2 würde demjenigen, der sich verkalkuliert hat, einen eigenständigen Anspruch auf Vertragsanpassung oder Aufhebung wegen Störung der Geschäftsgrundlage (§ 313) gewähren.

Möglichkeit Nr. 3 ist unter dem Punkt „Anspruch erloschen" (Anfechtung) einzuordnen. Die h.M. lehnt aber eine Irrtumsanfechtung im Ergebnis ab, da es sich bei dem Kalkulationsirrtum um einen Motivirrtum handelt.

Möglichkeit Nr. 4 gewährt demjenigen, der sich verkalkuliert, einen eigenständigen Anspruch auf Schadensersatz wegen Verschuldens bei Vertragsverhandlungen (§§ 280 Abs. 1, 311 Abs. 2 Nr. 1, 241 Abs. 2); dies aber nur, wenn eine Aufklärungspflicht bestand. Eine solche kommt nur in Betracht, wenn sich der Berechnungsfehler dem Auftraggeber förmlich aufdrängt. Diese Möglichkeit kommt daher sehr selten zum Zuge.

Möglichkeit Nr. 5 ist unter dem Punkt „Anspruch durchsetzbar" zu prüfen, denn nach h.M. ist § 242 zwar als Einwendung (welche an sich unter „Anspruch erloschen" zu prüfen wäre) einzuordnen und daher von Amts wegen zu berücksichtigen. Allerdings erlischt bei § 242 der Anspruch nicht, sondern es ist lediglich seine Durchsetzung gehindert. Eine solche unzulässige Rechtsausübung stellt das unveränderte Festhalten am Vertrag bei einem Kalkulationsirrtum nach h.M. jedoch nur dann dar, wenn der Irrtum vom Erklärungsempfänger erkannt wurde und die Durchführung des Vertrages für den Erklärenden schlechthin unzumutbar ist.

Möglichkeit Nr. 6 greift ein, wenn alle anderen Möglichkeiten abgelehnt worden sind.

b) Zusammenfassung

Zu unterscheiden ist zwischen dem sogenannten **„offenen" bzw. „externen"** Kalkulationsirrtum einerseits und dem sogenannten **„verdeckten" bzw. „internen"** Kalkulationsirrtum andererseits.

Offener Kalkulationsirrtum

Beim **offenen** Kalkulationsirrtum wird die Kalkulationsgrundlage offen gelegt und zusammen mit dem Ergebnis der Berechnung zum Erklärungsinhalt gemacht.

Beispiel: V macht K folgendes Angebot: „Ich biete Ihnen zehn Bücher zum Preis von 30 €/Stück an. Gesamtpreis daher: 250 €."

Verdeckter Kalkulationsirrtum

Beim **verdeckten** Kalkulationsirrtum wird hingegen lediglich das Ergebnis der Berechnung, nicht jedoch die fehlerhafte Berechnungsgrundlage selbst mitgeteilt.

Beispiel: Unternehmer U schließt mit dem Besteller B einen Werkvertrag über den Einbau von Fenstern in dessen Gebäude zu einem Gesamtpreis von 100.000 €. Sodann bemerkt U, dass infolge eines EDV-Fehlers die Transport- und Montagekosten in Höhe von 10.000 € nicht einberechnet wurden.

aa) Verdeckter/Interner Kalkulationsirrtum

Auswirkungen des verdeckten/internen Kalkulationsirrtums

- Nach ganz h.M. scheidet hier eine **Anfechtung** aus. Die Anfechtung nach § 119 Abs. 1 scheitert daran, dass nur ein unbeachtlicher Motivirrtum vorliegt, der nicht in den Anwendungsbereich dieser Norm fällt. Eine Anfechtung nach § 119 Abs. 2 scheidet aus, da der Wert keine Eigenschaft i.S.d. Norm ist. Dies gilt nach h.M. **auch dann**, wenn der Kalkulationsirrtum dem Geschäftsgegner **erkennbar** war oder dieser ihn **erkannt** hat.

- Hat der Geschäftsgegner den Irrtum jedoch **erkannt**, kann das Bestehen auf der Vertragsdurchführung **unzulässige Rechtsausübung gemäß § 242** darstellen, wenn das Festhalten am Vertrag für den Erklärenden **schlechthin unzumutbar** ist.

- **Drängt sich** dem Geschäftsgegner der **Kalkulationsirrtum geradezu auf**, besteht für ihn eine Prüfungs- und Hinweispflicht gemäß § 241 Abs. 2, die zu einer Schadensersatzhaftung aus **§§ 280 Abs. 1, 311 Abs. 2, 241 Abs. 2 (c.i.c.)** führen kann. Bloße **Erkennbarkeit** des Irrtums reicht hierfür jedoch **nicht** aus.

- Eine Vertragsanpassung **wegen Störung der Geschäftsgrundlage (§ 313)** wird hier grundsätzlich ausscheiden, da eine **einseitige** Vorstellung **keine Geschäftsgrundlage** i.S.d. § 313 Abs. 1 darstellt.

bb) Offener/Externer Kalkulationsirrtum

Auswirkungen des offenen/externen Kalkulationsirrtums

- Vorrangig ist durch (ergänzende) **Auslegung gemäß §§ 133, 157** zu prüfen, ob sich die Parteien über eine bestimmte Berechnungsmethode geeinigt haben. Dann ist nämlich ein falsches Berechnungsergebnis unbeachtlich **(falsa demonstratio non nocet)** und das als vereinbart anzusehen, was sich bei richtiger Berechnung ergibt.

- Auch beim offenen Kalkulationsirrtum scheidet eine **Anfechtung** nach § 119 Abs. 1 bzw. Abs. 2 aus den oben genannten Gründen aus. Dies gilt nach heute h.M. **nicht nur beim nicht erkannten externen, sondern auch beim erkennbaren externen bzw. erkannten externen** Kalkulationsirrtum.

- Hat der Geschäftsgegner den Irrtum **erkannt**, kann das Bestehen auf der Vertragsdurchführung **unzulässige Rechtsausübung gemäß § 242** darstellen, wenn das Festhalten am Vertrag für den Erklärenden **schlechthin unzumutbar** ist.

- **Drängt sich** dem Geschäftsgegner **der Kalkulationsirrtum geradezu auf**, besteht für ihn eine Prüfungs- und Hinweispflicht gemäß § 241 Abs. 2, die zu einer Schadensersatzhaftung aus **§§ 280 Abs. 1, 311 Abs. 2, 241 Abs. 2 (c.i.c.)** führen kann. Bloße **Erkennbarkeit** des Irrtums reicht hierfür jedoch **nicht** aus.

- Eine Vertragsanpassung wegen **Störung der Geschäftsgrundlage (§ 313)** kommt beim gemeinsamen Irrtum beider Parteien über den gleichen Umstand (sogenannter **Doppelirrtum**) in Betracht. Allerdings ist zu beachten, dass auch eine offen gelegte und erkennbare Preiskalkulation eines Verkäufers nach h.M. grundsätzlich nicht ohne Weiteres auch Grundlage für die Willenserklärung des Käufers ist.

Der Kalkulationsirrtum

Offener Kalkulationsirrtum Def.: Berechnungsgrundlage mitgeteilt oder bekannt	**Verdeckter Kalkulationsirrtum** Def.: Berechnungsgrundlage weder mitgeteilt noch sonstwie bekannt
Falsa demonstratio non nocet/Auslegung, §§ 133, 157 wenn Einigung der Parteien über Berechnungsmethode	**Anfechtung (–),** da nur unbeachtlicher Motivirrtum
Anfechtung (–), nur unbeachtlicher Motivirrtum	
Unzulässige Rechtsausübung, § 242 wenn Irrtum erkannt und Festhalten am Vertrag schlechthin unzumutbar	**Unzulässige Rechtsausübung, § 242** wenn Irrtum erkannt und Festhalten am Vertrag schlechthin unzumubar
§§ 280 Abs. 1, 311 Abs. 2, 241 Abs. 2 (c.i.c) bei Hinweispflicht des Geschäftsgegners, wenn sich Irrtum aufdrängt. Erkennbarkeit reicht nicht aus	**§§ 280 Abs. 1, 311 Abs. 2, 241 Abs. 2 (c.i.c.)** bei Hinweispflicht des Geschäftsgegners, wenn sich Irrtum aufdrängt. Erkennbarkeit reicht nicht aus
Störung der Geschäftsgrundlage, § 313 wenn Kalkulationsgrundlage Geschäftsgrundlage	**Störung der Geschäftsgrundlage, § 313 (–),** da als *einseitige* Vorstellung keine Geschäftsgrundlage

3. Der Irrtum bei der invitatio ad offerendum

a) Prüfungsstandort

- Ausgangsfrage: Anspruch durch Anfechtung erloschen?
  - Voraussetzungen der Anfechtung
  - Anfechtungsgrund: § 119 Abs. 1 Alt. 2
    - Irrtum bei der Erklärungshandlung?
      § 119 Abs. 1 Alt. 2

b) Erläuterung

Dieses Problem stellt sich dann, wenn jemandem ein i.S.d. §§ 119 ff. relevanter Irrtum bereits bei seiner invitatio ad offerendum unterläuft.

Beispiel: Dem Verkäufer, der einen Versandhandel mit eigener Angebotsseite im Internet betreibt, unterläuft ein Erklärungsirrtum gemäß § 119 Abs. 1 Alt. 2 durch Vertippen bei der Eingabe der Preise für Waren auf dieser Angebotsseite.

Irrtum zeitlich vorgelagert

Problematisch ist hier, dass der Irrtum in diesem Fall **zeitlich vor und nicht „bei der Abgabe"** (vgl. den Wortlaut des § 119 Abs. 1!) der Annahmeerklärung vorliegt. Daher könnte nur ein bloßer Motivirrtum gegeben sein, da lediglich die Willensbildung vor Abgabe der Willenserklärung von dem Fehler betroffen ist.

Nach h.M. berechtigt jedoch ein Irrtum bei der invitatio ad offerendum zur Anfechtung, **wenn die Annahmeerklärung automatisiert ist** (bzgl. des oben genannten Beispiels: eine automatisch erzeugte E-Mail des Verkäufers, durch die das in der per E-Mail erfolgten Bestellung eines Kaufinteressenten liegende Kaufangebot angenommen wird) **und der Irrtum bei der Annahme noch fortwirkt**. Dies ist damit zu begründen, dass der Verkäufer mit der invitatio ad offerendum (im oben genannten Beispiel: dem Einstellen des Angebots) die entscheidende Erklärung abgab, nach der der weitere Ablauf nur noch automatisiert erfolgte, weshalb die **beiden Erklärungsakte** – die invitatio und die automatisierte Annahmeerklärung – juristisch **als Einheit** angesehen werden müssen.

! *Dieses Problem des Irrtums bei der invitatio ad offerendum unterscheidet sich von dem vorher dargestellten Problem des Kalkulationsirrtums dadurch, dass hier ein Erklärungsirrtum bei Abgabe der invitatio und nicht lediglich ein Berechnungsfehler vorliegt.*

4. Beiderseitiger Eigenschaftsirrtum (Doppelirrtum)

Der Normalfall der Anfechtung ist, dass sich **nur ein Beteiligter** irrt. Nach dem Wortlaut des § 119 Abs. 2 kann andererseits jeder anfechten, der sich über eine verkehrswesentliche Eigenschaft geirrt hat. Das können auch **beide Vertragspartner** sein. Fraglich ist, ob der Anwendungsbereich des § 119 Abs. 2 im Wege der teleologischen Reduktion auf den einseitigen Irrtum zu beschränken ist.

a) Prüfungsstandort

- Ausgangsfrage: Anspruch durch Anfechtung erloschen?
  - Voraussetzungen der Anfechtung
  - Anfechtungsgrund: § 119 Abs. 2 (beiderseitiger Eigenschaftsirrtum)
    - Anwendbarkeit des § 119 Abs. 2?

b) Erläuterung

Definition

Unter einem **Doppelirrtum** versteht man den Fall, dass beide Parteien einem Irrtum über denselben Umstand erliegen. Die Behandlung dieses Irrtums ist umstritten:

H.M.: Störung der Geschäftsgrundlage

- Die **h.M.** lehnt eine Anwendung der Anfechtungsregeln ab. Es sei nämlich unbillig, nur einen Teil mit der Schadensersatzpflicht des § 122 Abs. 1 zu belasten, wenn beide Teile übereinstimmend hinsichtlich desselben Umstands irrten. Eine sachgerechte Lösung biete danach die Vertragsanpassung nach den Grundsätzen der **Störung der Geschäftsgrundlage (§ 313)**. Für diese Sichtweise spricht auch, dass der Gesetzgeber mit **§ 313 Abs. 2**, der das ursprüngliche **Fehlen der sogenannten subjektiven Geschäftsgrundlage** regelt, gerade auch den **Fall des gemeinschaftlichen Motivirrtums** erfassen wollte.

A.A.: Anfechtung

- Ein **Teil der Lit.** vertritt demgegenüber die Auffassung, eine Anfechtung sei nicht ausgeschlossen. Es komme schon deshalb nicht zu einem „Wettlauf der Anfechtenden“, weil in aller Regel nur eine Partei durch den Doppelirrtum benachteiligt sei; nur diese Partei habe überhaupt ein Interesse daran, sich durch Anfechtung vom Vertrag zu lösen. Wem aber die Anfechtung einen Vorteil verspricht, dem könne auch die Schadensersatzverpflichtung des § 122 Abs. 1 zugemutet werden. Teilweise spricht man der nicht benachteiligten Seite sogar ein Anfechtungsrecht trotz Vorliegens eines Irrtums völlig ab, da anzunehmen sei, dass die Partei, die aus dem Irrtum einen Vorteil gezogen habe, die Erklärung auch bei Kenntnis der Sachlage und verständiger Würdigung des Falles (§ 119 Abs. 2 i.V.m. § 119 Abs. 1) dennoch abgegeben hätte.

Goldringfall

Beispiel: Der Juwelier J verkauft gebrauchten Schmuck. Eines Tages verkauft er an den A einen nach Vorstellung der Parteien (nur) vergoldeten Ring zum Preis von 100 €. Später stellt sich heraus, dass der Ring aus massivem Gold besteht und tatsächlich 500 € wert ist. Welche Rechte hat J, der den Vertrag unter diesen Bedingungen nicht gelten lassen will?

I. Die **h.M.** verwehrt hier beiden die Anfechtung und sucht eine Vertragsanpassung nach den Regeln der Störung der Geschäftsgrundlage (§ 313). Danach müsste A entweder 400 € nachzahlen oder J könnte Vertragsaufhebung verlangen, wenn dem A die Nachzahlung unzumutbar ist.

II. Ein **Teil der Lit.** sieht dagegen den J als alleinigen Anfechtungsberechtigten an, da nur er aufgrund des Irrtums finanzielle Nachteile erlitten hat. A hingegen hätte auch keinerlei Interesse an der Anfechtung; er hat schließlich ein gutes Geschäft gemacht. Danach könnte J den Vertrag durch Anfechtung nach § 119 Abs. 2 beseitigen.

5. Vorzeitige Beendigung einer Internet-Versteigerung bei Vorliegen eines Anfechtungsgrundes gemäß §§ 119 ff.

Wie oben bereits dargestellt wurde, kommt nach h.M. der Vertrag bei einer Internet-Versteigerung **nicht gemäß § 156, sondern nach §§ 145 ff.** durch Angebot und Annahme zustande. Hierbei ist der Erklärungsinhalt eines im Rahmen einer Internetversteigerung abgegebenen Verkaufsangebots unter Berücksichtigung der AGB der Internetplattform (etwa eBay) zu bestimmen.

Kommt nach diesen **AGB** im Falle der **Rücknahme des Angebots** ein **Kaufvertrag** mit dem zu dieser Zeit Höchstbietenden **nicht zustande**, sofern **der Anbietende gesetzlich dazu berechtigt** war, sein Angebot zurückzuziehen (z.B. nach den AGB bei eBay **wegen eines unter § 119 fallenden Irrtums**), ist dies aus der Sicht der an der Internetauktion teilnehmenden Bieter dahin zu verstehen, dass das Angebot des Verkäufers **unter dem Vorbehalt einer berechtigten Angebotsrücknahme** steht.

!

Beachte: *ein* ***solcher Vorbehalt****, der die Bindungswirkung des Angebots einschränkt, ist* ***zulässig****, da der Anbietende nach* ***§ 145*** *die Bindungswirkung seines Angebots ausschließen oder sich den Widerruf vorbehalten kann!*

Daher ist zwischen folgenden **zwei Konstellationen** zu differenzieren:

Liegen die Voraussetzungen des Vorbehalts (z.B. nach den AGB bei eBay **wegen eines unter § 119 fallenden Irrtums) vor**, ist das Angebot des Verkäufers nicht bindend, sodass **kein Vertrag** zustande kommt. Fehlt ein solcher Vorbehalt oder liegen **dessen Voraussetzungen hingegen nicht** vor, so **kommt der Vertrag mit dem Bieter zustande**, der vor der Rücknahme (Löschung) des Angebots das Höchstgebot abgegeben hatte.

Beachte: *Nach aktueller Rspr. des BGH muss allerdings der zur Gebotsstreichung berechtigende Grund in der Person des Bieters (z.B. der Anfechtungsgrund gemäß § 119) für den Entschluss des Verkäufers, dieses Angebot vor Ende der Auktion zu streichen,* ***kausal*** *geworden sein.* !

IV. Rechtsfolgenirrtum

Da WEen auf die Herbeiführung von Rechtsfolgen gerichtet sind, stellt jeder Inhaltsirrtum nach § 119 Abs. 1 im weiteren Sinne auch einen Rechtsfolgenirrtum dar. Insoweit sich der Erklärende über die **mit der Erklärung erstrebten Rechtsfolgen** irrt, ist dieser Rechtsfolgenirrtum **erheblich**.

Beispiel: V „verleiht" seinen Pkw an E, wollte aber eine entgeltliche Gebrauchsüberlassung, d.h. eine Miete des Fahrzeugs vereinbaren. Hier ist eine Anfechtung gemäß § 119 Abs. 1 Alt. 1 möglich.

Hingegen ist in dem Fall, dass der Erklärende sich über Umstände irrt, die **nicht direkt Inhalt der Erklärung** waren, sondern lediglich kraft Gesetzes oder aufgrund ergänzender Vertragsauslegung als **weitere Rechtsfolgen** eintreten, dieser Irrtum als Rechtsfolgenirrtum unbeachtlich. In diesem Fall liegt nämlich nur ein **unbeachtlicher Motivirrtum** vor.

!
Abgrenzung beim Rechtsfolgenirrtum als typisches Klausurproblem

Die Abgrenzung zwischen dem (nach § 119 Abs. 1 Alt. 1 zu berücksichtigenden) Inhaltsirrtum und dem (als Motivirrtum unbeachtlichen) Rechtsfolgenirrtum („Rechtsfolgenirrtum i.e.S.") ist ein typisches Problem in Prüfungen mit Fragen aus dem BGB AT und sollte Ihnen unbedingt bekannt sein!

Beispiel: A und B sind Grundstücksnachbarn. A möchte auf seinem Grundstück eine Fabrik bauen. B ist einverstanden, falls A auf „Fenster" in der dem Grundstück des B zugewandten Mauer verzichtet. B möchte nämlich, was er auch gegenüber A deutlich macht, durch den Fabrikationslärm möglichst wenig gestört werden. Um zu vermeiden, dass B im Baugenehmigungsverfahren Schwierigkeiten macht, lässt A sich auf die Vereinbarung ein. A lässt Glasbausteine einbauen. B verlangt von A Entfernung und Zumauerung der Öffnungen, da Glasbausteine den Lärm schlechter dämmen als massives Mauerwerk. Daraufhin erklärt A die Anfechtung des Vertrages. Kann B von A Beseitigung der Glasbausteine und Zumauerung der Öffnungen verlangen?

Der Anspruch des B könnte sich aus **§§ 241 Abs. 1, 311 Abs. 1** (Vertrag eigener Art = Vertrag sui generis) ergeben.

I. Der Anspruch des B müsste zunächst **entstanden** sein.

Beachte: Für die Einigung reicht ein im Kernbereich eindeutiger Begriff aus.

Für die erforderliche Einigung der Parteien reicht es aus, dass A und B einen Begriff verwendet haben, der im Kernbereich eindeutig ist. Dies trifft auf den verwendeten Begriff „Fenster" zu. Unerheblich ist, dass B im Gegensatz zu A darunter auch Glasbausteine versteht. Ein Dissens würde nur vorliegen, wenn der verwendete Begriff bereits im Kernbereich objektiv mehrdeutig wäre und jeder Beteiligte darunter etwas anderes versteht. Somit haben sich A und B darüber geeinigt, dass A keine „Fenster" einbauen darf.

Die Rechtsfolgen des Vertrages sind nach §§ 133, 157 durch Auslegung zu ermitteln. Dabei ist der Vertragszweck zu beachten. B wollte erkennbar die Störung durch Fabrikationslärm in Grenzen halten. Dies ist nur bei Zumauerung der Öffnungen gewährleistet. Unter Berücksichtigung des Vertragszwecks sind somit auch Glasbausteine „Fenster" i.S.d. Vertrages.

Der Anspruch des B auf Entfernung der Glasbausteine und Zumauerung der Öffnungen ist somit entstanden.

II. Der Anspruch könnte dadurch, dass A seine WE angefochten hat, **nach § 142 Abs. 1 erloschen** sein.

A hat gegenüber B die Anfechtung erklärt (§ 143 Abs. 1 und 2). Als Anfechtungsgrund kommt ein Inhaltsirrtum i.S.v. § 119 Abs. 1 Alt. 1 in Betracht. Dann müsste sich A zunächst über den objektiven Inhalt seiner WE geirrt haben. A hat erklärt, den Einbau von Fenstern zu unterlassen. Dies wollte A auch erklären. Erklärung und Geschäftswille fallen damit nicht unbewusst auseinander. A hat sich nur über die Tragweite seiner Erklärung geirrt, die sich erst aus der Auslegung des Vertrages nach §§ 133, 157 ergeben hat. Dies ist ein unbeachtlicher Motivirrtum.

A muss somit die Glasbausteine entfernen und die Öffnungen zumauern.

E. Ersatz des Vertrauensschadens (= negatives Interesse), § 122 Abs. 1

I. Prüfungsstandort im Grundschema

§ 122 Abs. 1 ist eine **eigene Anspruchsgrundlage** des **Anfechtungsgegners**. In der Anspruchshierarchie ist er unter „vertragsähnliche Ansprüche" zu prüfen.

II. Aufbau und Erläuterungen

1. Ersatz des Vertrauensschadens, § 122 Abs. 1

Aufbauschema

I. Voraussetzungen

1. WE nach § 118 nichtig oder nach §§ 119, 120 angefochten
2. Anspruchsteller hat Vertrauensschaden erlitten
   a) Definition: Vertrauensschaden
   b) Begrenzung durch das Erfüllungsinteresse (= positives Interesse)
   c) Adäquate Verursachung des Vertrauensschadens durch § 118 oder Anfechtung

II. Kein Ausschluss und keine Einschränkung

1. Ausschluss nach § 122 Abs. 2
2. Beschränkung nach § 254
   (soweit § 122 Abs. 2 reicht, ist dieser lex specialis zu § 254)

III. Rechtsfolge: Ersatz des Vertrauensschadens

2. Erläuterung

§ 122 Abs. 1 ist eine Anspruchsgrundlage, die darauf zielt, dem Anfechtungsgegner, der auf den Bestand einer WE vertraut hat, den Schaden zu ersetzen, der dadurch entsteht, dass die WE durch Anfechtung erlischt.

Problem: Vertrauensschaden

Problematisch ist zumeist nur die Bestimmung des Vertrauensschadens. **Zwei Schadensbetrachtungen** müssen unterschieden werden:

Unterscheide:
- Vertrauensschaden (negatives Interesse)
- Nichterfüllungsschaden (positives Interesse)

- **Vertrauensschaden**, auch negatives Interesse genannt, ist der Schaden, der dadurch entsteht, dass auf die Gültigkeit einer WE vertraut wurde. Als Schadensersatz ist der Geschädigte so zu stellen, als hätte er von dem Geschäft nichts gehört.
- **Nichterfüllungsschaden** („Schadensersatz statt der Leistung") – oder auch positives Interesse bzw. Erfüllungsinteresse – ist der Schaden, der bei ordnungsgemäßer Erfüllung vermieden worden wäre. Als Schadensersatz ist der Geschädigte so zu stellen, als ob ordnungsgemäß erfüllt worden wäre.

Negatives Interesse darf das positive Interesse nicht übersteigen.

§ 122 Abs. 1 ersetzt nur den **Vertrauensschaden**, jedoch **nicht über das Erfüllungsinteresse** hinaus. In der Klausur ist daher zunächst der Vertrauensschaden zu ermitteln. Dieser ist grundsätzlich ersatzfähig. In einem zweiten Schritt ist dann das Erfüllungsinteresse zu ermitteln (wie stünde der Geschädigte bei ordnungsgemäßer Erfüllung) und mit dem Vertrauensschaden zu vergleichen. Ist der Vertrauensschaden größer als das Erfüllungsinteresse, so kann er nur bis zum Betrag des Erfüllungsinteresses ersetzt werden.

§ 122 Abs. 1 ist **ausgeschlossen**, wenn der Anspruchsteller (= Anfechtungsgegner) die Anfechtbarkeit nach **§ 122 Abs. 2** kannte oder hätte kennen müssen. Wer die Fehlerhaftigkeit eines Rechtsgeschäfts kennt und sich trotzdem darauf einlässt, kann redlicherweise nicht auf die Wirksamkeit des Geschäfts vertrauen. Aus diesem Grund ist auch die Geltendmachung eines Vertrauensschadens ausgeschlossen.

III. Klausurrelevante Probleme mit Einordnung

1. Analoge Anwendung des § 122 Abs. 1 auf Mängel der eigenen Sphäre

a) Prüfungsstandort

Anwendbarkeit des § 122 Abs. 1

b) Erläuterung

Der klassische Prüfungsfall ist die Situation der abhandengekommenen Erklärung. Hierdurch kann dem Empfänger der Erklärung ein Schaden entstehen. Der Empfänger ist schutzwürdig, da der Mangel der Abgabe nicht aus seiner Sphäre, sondern aus der des vermeintlich Erklärenden stammt. Da die schadensersatzrechtlichen Folgen im Gesetz nicht geregelt sind, wird die Regelungslücke durch eine analoge Anwendung des § 122 Abs. 1 geschlossen. Danach haftet derjenige, der die Erklärung formuliert hat – verschuldensunabhängig – **für Mängel der eigenen Sphäre**.

Abhandengekommene Erklärung

Beispiel für eine abhanden gekommen WE: A lässt einen Brief, der die Annahme eines Angebots des B über 20 Kisten Wein enthält, auf seinem Schreibtisch liegen, um es sich noch einmal zu überlegen. Inzwischen packt die Ehefrau des A, die E, den Brief ohne Wissen des A zur sonstigen Post des A und wirft ihn in den Briefkasten. Die Annahmeerklärung erreicht den B zwei Tage später. B trifft geeignete Vorkehrungen, um den A zu beliefern, und bestellt eigens 20 Transportkisten. Insgesamt entstehen B Aufwendungen in Höhe von 100 €. Ist ein Kaufvertrag zwischen A und B zustande gekommen? Kann B von A Ersatz seiner Aufwendungen verlangen?

Zu Frage 1:

Mangels Abgabe der WE kein Kaufvertrag

Ein Kaufvertrag ist nur zustande gekommen, wenn A das Angebot des B angenommen hat. Das setzt voraus, das die Annahmeerklärung zunächst von A überhaupt **„abgegeben"** worden ist. Unter der Abgabe einer empfangsbedürftigen WE versteht man die **willentliche** Entäußerung der WE in den Rechtsverkehr, und zwar so, dass sie dem Empfänger ohne weiteres Zutun des Erklärenden zugehen kann. Dies ist hier nicht der Fall, da die Erklärung des A ohne sein Wissen und Wollen zur Post gegeben worden ist (sogenannte abhandengekommene Willenserklärung). Ein Kaufvertrag ist somit nicht zustande gekommen.

Insoweit lässt sich in einer Klausur durchaus auch die **Gegenansicht** vertreten, wonach die abhandengekommene WE zumindest als abgegeben **gelten** kann, wenn der Erklärende das Inverkehrbringen zwar nicht zielgerichtet veranlasst, aber doch zu vertreten hat. Für diese Sichtweise spricht, dass die abhandengekommene WE den Fällen einer WE gleichzustellen sei, die ohne Erklärungsbewusstsein abgegeben wurde. In diesen Fällen rechnet die h.M. die Erklärung dem Erklärenden auch zu (s.o.!). Folgt man dieser Ansicht, ist eine Einigung zu bejahen. Der **Erklärende** kann seine WE aber **analog § 119 Abs. 1 anfechten**.

Zu Frage 2:

§ 122 nicht unmittelbar anwendbar

I. Möglicherweise kann B von A **Schadensersatz aus § 122 Abs. 1** verlangen. **Unmittelbar** ist § 122 Abs. 1 **nicht** anwendbar, da keiner der Fälle der §§ 118–120 vorliegt.

Folgt man der oben genannten Ansicht, wonach der Erklärende an seine Erklärung gebunden ist, diese aber **analog § 119 Abs. 1 anfechten** kann, steht dem **Erklärungsempfänger** hingegen ein **Schadensersatzanspruch aus § 122 Abs. 1 direkt** zu.

§ 122 analog anwendbar

II. In Betracht kommt aber eine **analoge Anwendung des § 122 Abs. 1**. Dies setzt eine planwidrige Regelungslücke im Gesetz und die Vergleichbarkeit des ungeregelten Falles mit dem geregelten Fall voraus.

1. Der Fall, dass der Empfänger einer abhandengekommenen Erklärung einen Schaden erleidet, **ist im Gesetz nicht geregelt**. Andererseits zeigt ein Vergleich der in den §§ 118–120 geregelten Fälle, auf die § 122 Abs. 1 Bezug nimmt, dass der Gesetzgeber den Empfänger einer WE vor nachteiligen Folgen schützen will, die sich daraus ergeben, dass die Erklärung aus Gründen, die beim Verfasser der WE liegen, nichtig ist. Der Fall der abhandengekommenen Erklärung ist dabei vom Gesetzgeber übersehen worden. Eine planwidrige Regelungslücke liegt somit vor.

2. Der Fall der abhandengekommenen Erklärung ist **mit den gesetzlich geregelten Fällen in der Grundstruktur vergleichbar**, da auch hier die Unwirksamkeit der Erklärung ihre Ursache in einem „Mangel aus der Sphäre des Verfassers der Erklärung" hat. Dies rechtfertigt eine analoge Anwendung des § 122 Abs. 1.

3. B ist daher so zu stellen, als hätte er von dem Geschäft mit A nie etwas gehört; sein negatives Interesse (100 € Aufwendungen zur Vertragsdurchführung) ist somit von A zu ersetzen.

c.i.c.

III. Zum Teil wird in der Lit. für den Fall der abhandengekommenen WE auch noch ein Anspruch aus **§§ 280 Abs. 1, 311 Abs. 2 Nr. 3, 241 Abs. 2 (c.i.c. = culpa in contrahendo)** bejaht.

1. Voraussetzungen: Nach dieser Sichtweise kann bereits die Ausstellung eines Schriftstücks (hier der Annahmeerklärung) ein (rechtsgeschäftsähnliches) **Schuldverhältnis** i.S.d. § 311 Abs. 2 begründen. Die erforderliche **Pflichtverletzung** ist in der Verletzung der Schutzpflicht gemäß § 241 Abs. 2 zu sehen, das Schreiben sorgfältig und sicher vor dem Zugriff Dritter zu verwahren. Das erforderliche **Vertretenmüssen** liegt in Form von Fahrlässigkeit vor, § 276 Abs. 2.

!

Auch hier lässt sich in einer Klausur durchaus die Gegenansicht vertreten, wonach eine Haftung aus c.i.c. insoweit ausscheide, da § 311 Abs. 2 Nr. 2 und Nr. 3 voraussetzen, dass der eine Teil dem anderen ***Einwirkungsmöglichkeiten*** *auf seine Rechte, Rechtsgüter oder Interessen gewähre, welche hier aber nicht bestehen.*

2. Rechtsfolge: Auch der Anspruch aus §§ 280 Abs. 1, 311 Abs. 2, 241 Abs. 2 (c.i.c.) ist auf Ersatz des negativen Interesses gerichtet, hier also auf Ersatz der 100 € Aufwendungen zur Vertragsdurchführung.

!

Die ***verschuldensunabhängige*** *Haftung aus* ***§ 122 analog*** *erlangt vor allem in den Fällen Bedeutung, in denen eine Haftung aus §§ 280 Abs. 1, 311 Abs. 2, 241 Abs. 1 mangels Verschuldens ausscheidet!*

2. Begrenzung des negativen Interesses durch das positive Interesse

Begrenzung des negativen Interesses

Zu beachten ist bei der Prüfung des Anspruchs aus § 122 Abs. 1 schließlich, dass nach § 122 Abs. 1 letzter Hs. das Vertrauensinteresse (negatives Interesse) der Höhe nach durch das Erfüllungsinteresse (positives Interesse) begrenzt ist.

Die Fähigkeit zur Einordnung und Abgrenzung der beiden Schadensbetrachtungen gehört zum Grundwissen im BGB, welches Ihr Prüfer unbedingt voraussetzt!

Beispiel: A will telefonisch bei seinem Stammweinhändler einen besonders guten Wein bestellen, da er beabsichtigt, seine neue Freundin zu sich zum Essen einzuladen. Weinhändler W bietet ihm auf Anfrage eine Flasche „Sommerhäuser Eiswein" für 86 € an (Kosten der Verpackung und Versendung in Höhe von 10 € will W tragen). A versteht jedoch 68 € und sagt – erfreut über diesen günstigen Preis – zu. Drei Tage später erreicht A die Weinsendung mitsamt einer Rechnung über 86 €. Daraufhin ficht A den Vertrag wegen Inhaltsirrtums an. Welcher Schaden ist dem W nach § 122 Abs. 1 zu ersetzen, wenn W bei Gültigkeit des Vertrages 8 € Gewinn gemacht hätte und er den Wein nur zu Werbezwecken (für seinen „Stammkunden") so günstig an A verkauft hat?

Höhe des Vertrauensschadens

I. W könnte ein Schadensersatzanspruch nach § 122 Abs. 1 zustehen. A hat seine Vertragserklärung nach § 119 Abs. 1 Alt. 1 angefochten. Fraglich ist, ob W ein Vertrauensschaden entstanden ist. Dies ist jeder Schaden, der dadurch hervorgerufen worden ist, dass W auf die Gültigkeit der WE des A vertraut hat. Hier hat

W 10 € Verpackungs- und Versandkosten getragen, weil er auf den Bestand des Vertrages vertraut hat. Ein Vertrauensschaden des W liegt somit vor.

II. Ein Anspruchsausschluss nach § 122 Abs. 2 scheidet aus, da W die Anfechtbarkeit weder kannte noch kennen musste.

III. A muss dem W somit den Vertrauensschaden ersetzen. W ist also so zu stellen, als ob er von dem Geschäft mit A nichts gehört hätte. In diesem Fall hätte W keine 10 € Verpackungs- und Versandkosten ausgegeben. W kann somit grundsätzlich Schadensersatz in Höhe von 10 € verlangen.

Grenze: positives Interesse

IV. Der zu ersetzende Schaden darf aber das Erfüllungsinteresse des W nicht übersteigen. Hätte jede Partei den Vertrag ordnungsgemäß erfüllt, hätte W einen Gewinn in Höhe von 8 € gemacht. Dadurch, dass A den Vertrag angefochten hat, ist W dieser Gewinn entgangen. Der Vertrauensschaden ist hier ausnahmsweise größer als das Erfüllungsinteresse des W. W kann daher Ersatz seines Vertrauensschadens (eigentlich 10 €) nur bis maximal zur Höhe des Erfüllungsinteresses (hier 8 €) verlangen. W hat daher gegen A einen Anspruch aus § 122 Abs. 1 auf Ersatz seines Vertrauensschadens in Höhe von 8 €.

!

Ratio legis

*Der **Sinn und Zweck** der Einschränkung des Anspruchs aus § 122 Abs. 1 liegt darin, sicherzustellen, dass der Anspruchsteller **durch die Anfechtung nicht besser** steht **als ohne diese.** Im vorangegangenen Beispiel hat sich W bewusst zu Werbezwecken auf ein ungünstiges Geschäft eingelassen. Bei Wirksamkeit des Vertrages hätte W 10 € Versandkosten zu tragen bei einem Gewinn von nur 8 €. **An dieser Risikoverteilung darf die Anfechtung nichts ändern.***

1. Welcher Unterschied besteht zwischen d. Fallkonstellationen der §§ 116–118 einerseits und den §§ 119, 120 andererseits?

1. Die **§§ 116–118** regeln das **bewusste** Auseinanderfallen von Wille und Erklärung. Die **§§ 119, 120** erfassen hingegen das **unbewusste** Auseinanderfallen (Irrtum) und normieren zugleich 5 Anfechtungsgründe.

2. Können Sie das Aufbauschema für die Prüfung einer Anfechtung erläutern?

2. Zunächst ist die **Zulässigkeit** der Anfechtung zu bedenken. Danach sind die **Voraussetzungen** zu prüfen: Anfechtungserklärung, des Anfechtungsberechtigten, gegenüber dem Anfechtungsgegner, mit Anfechtungsgrund, innerhalb der Anfechtungsfrist, kein Ausschluss der Anfechtung. Schließlich ist die **Rechtsfolge** (§ 142 Abs. 1) darzustellen.

3. Kann jemand, der ein Schriftstück unterschreibt, ohne den Inhalt zu kennen, seine WE anfechten?

3. Hier ist **zu unterscheiden**: Glaubt der Unterzeichner, **gar nicht rechtsgeschäftlich** zu handeln, kommt eine Anfechtung **analog § 119 Abs. 1 Alt. 1 wegen fehlenden Erklärungsbewusstseins** in Betracht. Macht sich der Unterzeichner hingegen **konkrete Vorstellungen vom Inhalt, die in Wirklichkeit aber nicht zutreffen**, kann er seine Erklärung **nach § 119 Abs. 1 Alt. 1 wegen Inhaltsirrtums** anfechten.

4. Kann der Erklärende seine WE beim sogenannten Kalkulationsirrtum nach §§ 119 ff. anfechten?

4. Nach ganz h.M. **scheidet** sowohl beim offenen als auch beim verdeckten Kalkulationsirrtum **eine Anfechtung aus**. Die Anfechtung nach § 119 Abs. 1 scheitert daran, dass nur ein unbeachtlicher Motivirrtum vorliegt, eine Anfechtung nach § 119 Abs. 2 scheidet aus, da der Wert keine Eigenschaft i.S.d. Norm ist.

5. Findet § 119 Abs. 2 beim sogenannten Doppelirrtum Anwendung?

5. Ein Teil der Lit. hält § 119 Abs. 2 auch in diesem Fall für anwendbar. Die **h.M.** hingegen lehnt eine Anwendung der Anfechtungsregeln ab und wendet die Grundsätze der **Störung der Geschäftsgrundlage (§ 313)** an.

6. Kann beim sogenannten Rechtsfolgenirrtum § 119 Abs. 1 angewandt werden?

6. Irrt sich der Erklärende über die **mit der Erklärung erstrebten Rechtsfolgen**, ist dieser Rechtsfolgenirrtum nach § 119 Abs. 1 Alt. 1 **erheblich**. Irrt sich hingegen der Erklärende über Umstände, die **nicht direkt Inhalt der Erklärung** waren, sondern lediglich kraft Gesetzes oder aufgrund ergänzender Vertragsauslegung als **weitere Rechtsfolgen** eintreten, ist dieser Irrtum als bloßer **Motivirrtum** unbeachtlich.

4. Abschnitt: Stellvertretung

A. Einleitung: Bedeutung, Funktion und Grundprinzipien

Bisher haben wir den „einfachen" Fall des Vertragsschlusses zwischen den Vertragspartnern unmittelbar kennengelernt. Häufig werden aber **Dritte als Stellvertreter** zwischengeschaltet, und das macht die Sache ein bisschen komplizierter. Die Stellvertretung hat eine hohe praktische Bedeutung. Stellvertreter werden aus verschiedenen Gründen eingesetzt.

Beispielsweise kann sich jemand die besondere Sachkunde eines anderen durch dessen Bevollmächtigung (z.B. beim Autokauf) zunutze machen. Der Inhaber einer größeren Supermarktkette kann unmöglich alle Geschäfte (Wareneinkauf, Warenverkauf, Einkauf von Büromaterial etc.) selbst erledigen.

Aus rechtlichen Gründen müssen Stellvertreter in bestimmten Fällen sogar zwingend tätig werden. So müssen zum Beispiel Willenserklärungen für einen Geschäftsunfähigen durch dessen gesetzlichen Vertreter abgegeben werden (vgl. dazu unten 5. Abschnitt). Juristische Personen (z.B. der rechtsfähige Verein, §§ 21 ff.) müssen sich vertreten lassen.

Die Stellvertretung ist im BGB **in den §§ 164–181 geregelt**.

Regelung der Stellvertretung

Die Funktion der Stellvertretung soll an folgendem Beispiel verdeutlicht werden.

Beispiel: A bevollmächtigt den V, ein Auto zu kaufen. V geht daraufhin zum Händler H und sieht dort einen gebrauchten VW Golf für 15.000 € stehen. Er fragt den H, ob er im Namen des A diesen Wagen kaufen könne. H bejaht dies. Ist ein Vertrag zustande gekommen? Wenn ja, mit wem?

Hier haben sich V und H über den Abschluss eines Kaufvertrages geeinigt (§ 433). V hat an H ein Angebot auf Abschluss des Kaufvertrages gerichtet, und H hat dieses Angebot angenommen.

Diese Einigung bindet A jedoch nur, wenn V den A wirksam vertreten hat. In diesem Fall ist die WE des V dem A zuzurechnen, d.h. sie wirkt unmittelbar für und gegen A (§ 164 Abs. 1 S. 1).

V hat eine eigene WE abgegeben (und nicht etwa eine fremde WE überbracht) und eine WE des H entgegengenommen (§ 164 Abs. 3). Dabei hat V im Namen des A gehandelt. V hat auch innerhalb der ihm zustehenden Vertretungsmacht gehandelt, er war ja von A bevollmächtigt worden, ein Auto zu kaufen.

Daher ist die WE des V dem A zuzurechnen, und die WE des H ist dem A auch zugegangen. Die Einigung zwischen V und H bindet daher den A. Zwischen A und H ist daher der Kaufvertrag über den VW Golf zustande gekommen.

WE wird zugerechnet

!

Es kommt somit der Kaufvertrag zwischen A und H zustande, obwohl A selbst gar nicht mit H verhandelt hat.

Grundprinzipien

Die **drei Grundprinzipien** der Stellvertretung sind folgende:

- Repräsentationsprinzip
- Offenkundigkeitsprinzip
- **Abstraktions**prinzip

Struktur der Stellvertretung

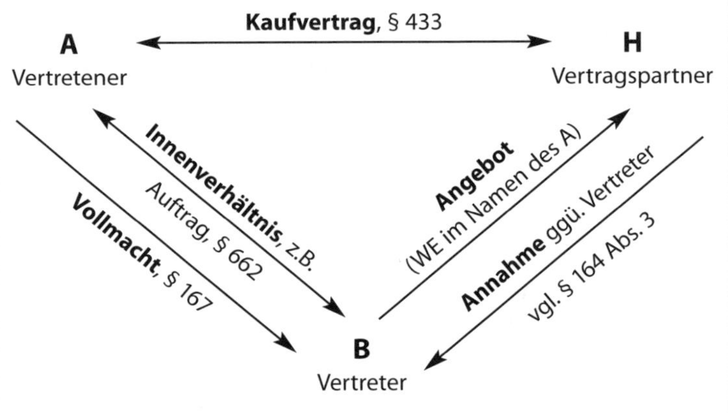

I. Das Repräsentationsprinzip

Das **Repräsentationsprinzip**, das in § 166 zum Ausdruck kommt, besagt, dass nicht der Vertretene der rechtsgeschäftlich Handelnde ist, sondern **nur der Vertreter**. Lediglich die Rechtswirkungen des Rechtsgeschäfts treffen den Vertretenen.

Der Inhalt des Rechtsgeschäfts wird grundsätzlich vom Vertreter bestimmt (bzw. bei Verträgen mit dem Vertragspartner vereinbart). Ob für das Rechtsgeschäft relevante Willensmängel vorliegen (§§ 116–123), beurteilt sich nur nach der Person des Vertreters (§ 166 Abs. 1).

II. Das Offenkundigkeitsprinzip

Das **Offenkundigkeitsprinzip** beinhaltet, dass der Vertreter grundsätzlich, von gewissen Einschränkungen abgesehen, **offenlegen** muss, dass er im Namen des Vertretenen handelt. Vgl. dazu § 164 Abs. 1 („im Namen des Vertretenen") und § 164 Abs. 2.

III. Das Abstraktionsprinzip

Abstraktionsprinzip bedeutet, dass das der Vertretungsmacht zugrunde liegende Rechtsverhältnis zwischen Vertretenem und Vertreter (Innenverhältnis, z.B. Auftrag gemäß § 662) grundsätzlich von der Vertretungsmacht **zu trennen** ist.

Einschränkung des Abstraktionsprinzips

Jedoch zeigt die Regelung des **§ 168 S. 1**, dass Vollmacht (= rechtsgeschäftlich erteilte Vertretungsmacht, vgl. § 166 Abs. 2) und zugrunde liegendes Rechtsverhältnis **nur teilweise unabhängig voneinander** sind. Nach § 168 S. 1 erlischt die Vollmacht, wenn das zugrunde liegende Rechtsverhältnis erlischt.

Andererseits bringt **§ 168 S. 2** wiederum das Abstraktionsprinzip zum Ausdruck und regelt, dass die Vollmacht trotz Fortbestandes des Rechtsverhältnisses widerrufen werden kann.

Verhältnis zwischen Vollmacht und dem zugrunde liegenden Rechtsverhältnis

Beispiel: Kaufmann K hat seinem Angestellten V (Arbeitsvertrag gemäß §§ 611 ff.) Vollmacht (§ 167) erteilt. Muss K den Arbeitsvertrag mit V kündigen, um die Vollmacht zu beseitigen? Was geschieht mit der Vollmacht, wenn K den Arbeitsvertrag kündigt?

K muss den Arbeitsvertrag nicht kündigen. Er braucht nur die Vollmacht zu widerrufen, vgl. § 168 S. 2. Die Vollmacht erlischt dann, aber der Arbeitsvertrag besteht weiter.

Kündigt K den Arbeitsvertrag, dann erlischt nach § 168 S. 1 auch die Vollmacht.

B. Gesetzessystematische Einordnung

Regelungsgehalt der §§ 164 ff.

Die allgemeinen Voraussetzungen der Stellvertretung sind im § 164 selbst geregelt. **§ 164 Abs. 1** betrifft den Fall der Abgabe einer WE durch einen Vertreter (**aktive** Stellvertretung), der Fall der Entgegennahme einer WE durch einen Vertreter (**passive** Stellvertretung) ist in **§ 164 Abs. 3** geregelt, der aber auf § 164 Abs. 1 verweist und ihn für entsprechend anwendbar erklärt.

§ 165 erlaubt es beschränkt geschäftsfähigen Personen (vgl. 5. Abschnitt) als Vertreter aufzutreten.

§ 166 Abs. 1 ist Ausdruck des Repräsentationsprinzips (vgl. A. I.). Zwar treffen den Vertretenen die Rechtswirkungen des Rechtsgeschäfts, der rechtsgeschäftlich Handelnde ist aber der Vertreter. Wird die Willenserklärung von Willensmängeln beeinflusst, so ist nur die Person des Vertreters maßgebend. Nur wenn dieser gewissen Willensmängeln unterliegt, ist die WE nichtig bzw. anfechtbar (Fälle der §§ 116–123, vgl. oben 3. Abschnitt).

§§ 167–169 regeln die Erteilung bzw. das Erlöschen der Vollmacht (= rechtsgeschäftlich erteilte Vertretungsmacht, vgl. Legaldefinition des § 166 Abs. 2).

§§ 170–173 betreffen Fälle, in denen die Vollmacht trotz formalen Erlöschens fortbesteht, weil gegenüber schützenswerten Dritten der Anschein erweckt wird, die Vollmacht bestehe noch (Fortbestehen der Vollmacht kraft Rechtsscheins, vgl. dazu unten F. IV. 4.).

In den **§§ 177–180** ist geregelt, was für den Fall der Vertretung ohne Vertretungsmacht gilt (vgl. dazu unten F. IV. 1.).

Schließlich schränkt **§ 181** die Vertretungsmacht dahingehend ein, dass es dem Vertreter nicht gestattet ist, mit sich selbst im Namen des Vertretenen ein Rechtsgeschäft abzuschließen. § 181 verbietet das sogenannte Insichgeschäft (vgl. dazu unten F. IV. 5.).

C. Prüfungsstandort im Grundschema

Meist sind die Voraussetzungen der Stellvertretung im Zusammenhang mit einem Vertragsschluss – also unter „Anspruch **entstanden**" – zu prüfen.

Die Stellvertretungsproblematik (sowohl die Aktiv- als auch die Passivvertretung) kann aber durchaus auch im Prüfungspunkt „Anspruch **erloschen**" relevant werden. So stellen beispielsweise die Anfechtungserklärung gemäß § 143 oder die Erklärung des Rücktritts vom Vertrag gemäß § 349 empfangsbedürftige WEen dar. Demnach ist auch bei der Anfechtung oder beim Rücktritt (oder bei der Entgegennahme solcher Erklärungen) Stellvertretung möglich.

D. Voraussetzungen der Stellvertretung

Prüfung der Stellvertretung in zwei Schritten

Die Stellvertretung ist in **zwei Schritten** zu prüfen. Zunächst ist zu untersuchen, ob der Handelnde (der Vertreter) eine WE abgegeben hat. Bei Verträgen ist zu prüfen, ob eine Einigung zwischen den Handelnden vorliegt und welchen Inhalt die Einigung hat (z.B. Einigung i.S.d. § 433).

Sodann ist im zweiten Schritt zu prüfen, ob diese WE den Vertretenen bindet, ob sie unmittelbar für und gegen den Vertretenen wirkt. Dies ist dann der Fall, wenn die folgenden Voraussetzungen erfüllt sind. Lesen Sie dazu den § 164!

Aufbauschema: Stellvertretung, § 164

I. Zulässigkeit der Stellvertretung
II. Abgabe einer eigenen WE bzw. Entgegennahme einer fremden WE
III. Handeln im fremden Namen
IV. Mit Vertretungsmacht

E. Erläuterung des Aufbauschemas

I. Zulässigkeit der Stellvertretung

Zulässigkeit der Stellvertretung

Stellvertretung ist **zulässig** bei WEen und geschäftsähnlichen Handlungen. **Unzulässig** ist Stellvertretung bei höchstpersönlichen Rechtsgeschäften. Beispiele dafür sind die Eheschließung (vgl. § 1311) oder die Testamentserrichtung (vgl. § 2064).

II. Abgabe einer eigenen WE bzw. Entgegennahme einer WE

Eigene WE

Der Vertreter gibt eine **eigene WE** ab (Aktivvertretung, vgl. § 164 Abs. 1 S. 1) oder er nimmt für den Vertretenen eine WE entgegen (Passivvertretung, vgl. § 164 Abs. 3, der auf § 164 Abs. 1 verweist).

Zunächst ist wichtig, dass eine **WE** abgegeben bzw. entgegengenommen wird. Es ist gleichgültig, ob es sich dabei um ein Vertragsangebot oder eine Vertragsannahme oder um ein einseitiges Rechtsgeschäft (wie z.B. Anfechtungserklärung gemäß § 143) handelt.

Bei der Vornahme von **Realakten** ist dagegen Stellvertretung ausgeschlossen. Realakte sind rein tatsächliche Handlungen, bei denen das Gesetz eine bestimmte Rechtsfolge vorsieht. Beispiele dafür sind die Begründung des unmittelbaren Besitzes durch Erlangung der tatsächlichen Gewalt (§ 854 Abs. 1), Verbindung oder Vermischung von Sachen (§§ 946–948), Übergabe bei der Übereignung nach § 929 S. 1 etc.

Für **geschäftsähnliche Handlungen** gelten die Vorschriften über WEen im Wesentlichen – und damit auch die Vorschriften über die Stellvertretung – analog. Der Vertreter kann daher auch geschäftsähnliche Handlungen vornehmen bzw. entgegennehmen. Geschäftsähnliche Handlungen sind auf einen tatsächlichen Erfolg gerichtete Erklärungen, bei denen das Gesetz eine bestimmte

Rechtsfolge vorsieht. Beispiele dafür sind die Mahnung (§ 286) und gewisse Aufforderungen (§§ 108 Abs. 2, 177 Abs. 2).

Abgrenzung zum Boten

Der **Stellvertreter** gibt eine **eigene WE** ab. Dies unterscheidet ihn vom **Boten**, der nur eine **fremde WE** übermittelt. Die Abgrenzung Stellvertretung – Botenschaft richtet sich nach dem **äußeren Auftreten** des Handelnden.

Botenschaft

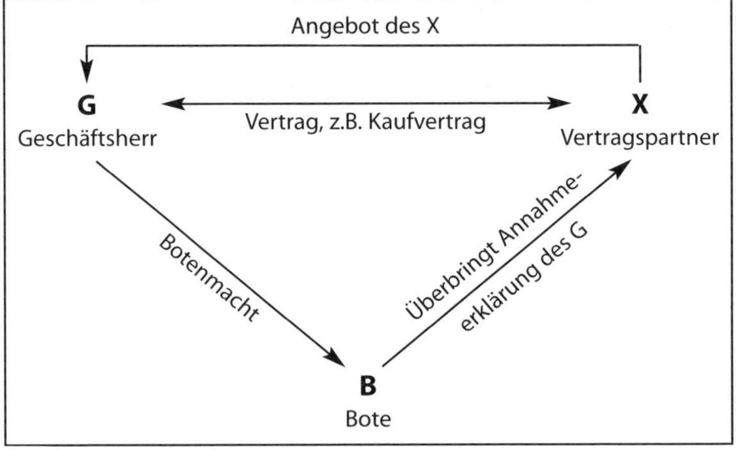

III. Handeln in fremdem Namen

Offenkundigkeitsprinzip

Der Vertreter muss grundsätzlich – d.h. von Ausnahmen abgesehen – **in fremdem Namen** handeln. Er muss im Namen des Vertretenen handeln, vgl. § 164 Abs. 1 S. 1 (Offenkundigkeitsprinzip). Macht er dies nicht hinreichend deutlich, so kommt der Vertrag zwischen dem Vertreter und dem Dritten zustande (§ 164 Abs. 2).

Nach § 164 Abs. 1 S. 2 ist es aber nicht erforderlich, dass ausdrücklich im Namen des Vertretenen gehandelt wird, sondern es reicht aus, dass die Umstände ergeben, dass im Namen des Vertretenen gehandelt wird.

IV. Vertretungsmacht

Vertretungsmacht

Der Vertreter muss gemäß § 164 Abs. 1 S. 1 **„innerhalb der ihm zustehenden Vertretungsmacht"** handeln.

Arten von Vertretungsmacht

Es gibt **zwei Arten** von Vertretungsmacht:

- **gesetzliche** Vertretungsmacht: Der nicht voll Geschäftsfähige wird durch seinen gesetzlichen Vertreter vertreten (z.B. gesetzliche Vertretung des Kindes durch seine Eltern als Teil der elterlichen Sorge, vgl. §§ 1629 Abs. 1, 1626 Abs. 1, Einzelheiten dazu unten 5. Abschnitt).
- **rechtsgeschäftlich erteilte** Vertretungsmacht: Diese Art der Vertretungsmacht bezeichnet das Gesetz in der Legaldefinition des § 166 Abs. 2 S. 1 als „Vollmacht".

Organschaftliche Vertretung

Bei der **Vertretung der juristischen Person** ist zwischen **organschaftlicher** (= Sonderfall der gesetzlichen Vertretungsmacht) und **rechtsgeschäftlicher** Vertretungsmacht zu unterscheiden.

Die juristische Person wird grundsätzlich durch ihre Organe vertreten. Diese sind mit **gesetzlicher Vertretungsmacht** („organschaftlicher Vertretungsmacht") ausgestattet. Das Handeln der Organe (z.B. Vorstand des Vereins, vgl. § 26 Abs. 2, Geschäftsführer der GmbH, § 35 Abs. 1 GmbHG) ist wie Handeln der juristischen Person selbst zu behandeln. Geben die Organe eine WE ab, ist dies als eine WE der juristischen Person zu betrachten. Der organschaftliche Vertreter der juristischen Person kann seinerseits aber auch andere Personen, d.h. solche Personen, die nicht Organ der juristischen Person sind, als rechtsgeschäftliche Vertreter bestellen.

Innen- und Außenvollmacht

Die **Vollmacht**, also die rechtsgeschäftlich erteilte Vertretungsmacht (vgl. § 166 Abs. 2 S. 1), wird gemäß § 167 Abs. 1 durch einseitige empfangsbedürftige WE, die sogenannte Bevollmächtigung, erteilt. Man unterscheidet die **Innenvollmacht** (§ 167 Abs. 1 Alt. 1: Erklärung der Bevollmächtigung gegenüber dem Vertreter) und die **Außenvollmacht** (§ 167 Abs. 1 Alt. 2: Erklärung der Bevollmächtigung gegenüber dem künftigen Geschäftspartner).

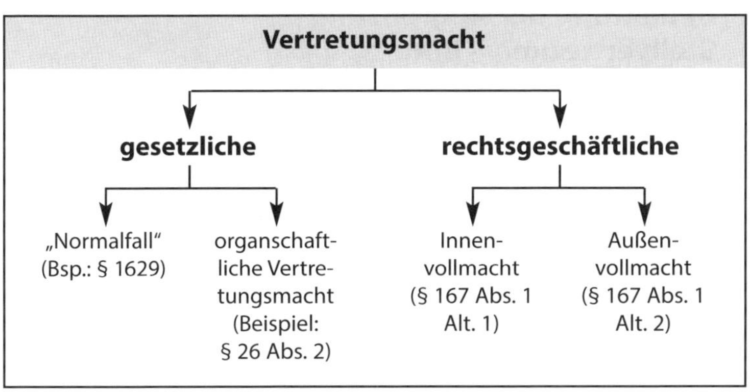

F. Klausurrelevante Probleme

I. Zur Zulässigkeit der Stellvertretung

Wie schon erwähnt, bereitet dieser Prüfungspunkt in der Regel keine Probleme. Liegt kein höchstpersönliches Rechtsgeschäft vor, so können Sie diesen Punkt auch weglassen.

II. Einteilung und Funktion von Mittelspersonen

1. Abgrenzung Stellvertretung – Botenschaft

a) Abgrenzungskriterien

Abgrenzung Vertreter – Bote

Der **Stellvertreter** gibt eine **eigene WE** ab, der **Bote** übermittelt nur eine **fremde WE**. In Fällen, in denen der Handelnde einen eigenen Entscheidungsspielraum hat, in denen er frei bestimmen kann, ob das Rechtsgeschäft überhaupt geschlossen werden soll, welchen Inhalt es haben und wer Geschäftspartner sein soll, liegt zweifelsfrei eine eigene WE des Handelnden vor.

Allerdings kann auch in Fällen, in denen der Geschäftsherr die Willenserklärung in allen Einzelheiten vorgegeben hat, der Handelnde Vertreter sein.

Entscheidend ist das äußere Auftreten

Die Abgrenzung, ob der Handelnde als Vertreter oder als Bote anzusehen ist, richtet sich **nach dem äußeren Auftreten** des Handelnden gegenüber dem Erklärungsgegner. Gibt er vor, nur eine fremde WE zu übermitteln, so ist er als Bote anzusehen. Dagegen ist er als Vertreter anzusehen, wenn er vorgibt, einen eigenen Entscheidungsspielraum zu haben. Dies gilt auch dann, wenn der Geschäftsherr tatsächlich die WE in allen Einzelheiten bestimmt hat.

b) Bedeutung der Abgrenzung Stellvertretung – Bote

Bedeutung hat die Abgrenzung vor allem wegen Folgendem:

Beschränkt geschäftsfähiger Vertreter

Der **Vertreter** muss **mindestens beschränkt geschäftsfähig** sein (vgl. § 165), während Bote auch ein Geschäftsunfähiger sein kann (zur Geschäftsfähigkeit siehe 5. Abschnitt), denn der Bote übermittelt nur eine fremde WE, er formuliert keine eigene, die bei Geschäftsunfähigkeit nach § 105 nichtig wäre.

Aus dem **Repräsentationsprinzip bei der Stellvertretung** (allein der Vertreter ist der rechtsgeschäftlich Handelnde, nur die Rechtsfolgen aus dem Rechtsgeschäft treffen den Vertretenen) folgt, dass bei formbedürftigen Rechtsgeschäften (Beispiel: Ein Grundstückskaufvertrag muss notariell beurkundet werden, vgl. § 311 b Abs. 1) die **WE des Vertreters formbedürftig** ist. Bei der Botenschaft muss die WE des Geschäftsherrn der Form genügen.

Weiterhin folgt aus dem **Repräsentationsprinzip bei der Stellvertretung**, dass nur bei einem Willensmangel **des Vertreters** angefochten werden kann (§ 166 Abs. 1). Bei der **Botenschaft** kann nach § 120 angefochten werden, wenn der Bote die WE **unbewusst** falsch übermittelt. Bei **bewusster** Falschübermittlung ist der Geschäftsherr nicht gebunden.

c) Problemfall: Weisungswidriges Auftreten

Auftragswidriges Handeln des Vertreters/Boten

Probleme treten auf, wenn der Handelnde anders auftritt als ihm aufgetragen wurde, also wenn sich der Bote als Vertreter aufspielt oder wenn der Vertreter als Bote auftritt. Dies ist **gleichgültig**, wenn das Rechtsgeschäft von der Boten- bzw. Vertretungsmacht **gedeckt** ist. Ist hingegen das Geschäft davon **nicht mehr gedeckt**, gilt: Bei **bewusst** abweichendem Auftreten gelten die §§ 177 ff. (wenn der Bote als Vertreter auftritt, §§ 177 ff. direkt, falls der Vertreter als Bote auftritt, §§ 177 ff. analog); bei **unbewusst** falscher Übermittlung des Boten gilt § 120.

2. Probleme des Zugangs bei Mittelspersonen

Nach **§ 164 Abs. 3** gilt § 164 Abs. 1 entsprechend für die Entgegennahme von WEen (sogenannte **passive** Stellvertretung).

Problem des Zugangszeitpunktes

Gehen WEen (mündliche oder schriftliche) zunächst anderen Personen („Mittelspersonen") und nicht dem Erklärungsempfänger direkt zu, so stellt sich die Frage, **wann** sie dem Erklärungsempfänger zugehen.

Wichtig ist der Zeitpunkt des Zugangs beispielsweise dann, wenn der Erklärungsempfänger vorher ein Kaufangebot abgegeben hat, der andere Teil die Annahme erklärt, und es um die Frage geht, ob die Annahme noch innerhalb einer vom Erklärungsempfänger bestimmten Frist (§ 148) erfolgt ist. Ein weiteres wichtiges Beispiel ist die Kündigung des Arbeitsvertrages gegenüber dem Arbeitnehmer, bei der der Arbeitgeber bestimmte Fristen einhalten muss.

Drei Arten von Mittelspersonen

Es wird zwischen **drei Arten von Mittelspersonen** differenziert:

- **Empfangsvertreter:** Dies ist eine Person, die als Vertreter zur Entgegennahme von WEen berechtigt ist. Geht die WE dem Empfangsvertreter zu, so geht sie in diesem Augenblick auch dem Vertretenen zu. Auf eine Weitergabe an den Vertretenen kommt es nicht an.
- **Empfangsbote:** Dies ist eine Person, die nach der Verkehrsanschauung zur Übermittlung von WEen geeignet ist. Dies trifft z.B. auf im Haushalt des Erklärungsempfängers lebende Hausgenossen zu (Ehegatte, Angehörige, aber nur, wenn sie die nötige Reife besitzen, d.h. bei Kindern nur eingeschränkt), nicht aber auf Nachbarn, Handwerker oder kleinere Kinder. Die Erklärung geht bei Einschaltung eines Empfangsboten dann zu, wenn nach dem gewöhnlichen Verlauf der Dinge mit der Übermittlung zu rechnen ist (wie bei der Empfangsvorrichtung).
- **Erklärungsbote des Absenders:** Dies sind die sonstigen Personen, die zur Übermittlung von WEen nach der Verkehrsanschauung nicht geeignet sind (also z.B. kleinere Kinder, Nachbarn, etc.). Wird die WE diesen Personen gegenüber abgegeben, so geht sie nur zu, wenn sie dem Erklärungsempfänger tatsächlich und richtig übermittelt wurde.

III. Zum Handeln in fremdem Namen

1. Verdeckte Stellvertretung

Problem: verdeckte Stellvertretung

Bei der **verdeckten** Stellvertretung (**auch mittelbare** Stellvertretung genannt) liegt **keine echte** Stellvertretung vor!

Beispiel: Geschäftsmann G betreibt ein Antiquitätengeschäft. Er ist mit dem Kunstkenner K zerstritten. K interessiert sich für eine antike Vase, die im Geschäft des G erhältlich ist, weiß aber, dass G ihm die Vase niemals verkaufen würde. K schickt daher seinen Freund X zu G, der mit G einen Kaufvertrag über die Vase abschließt, ohne den Namen des K zu erwähnen. Zwischen wem ist der Kaufvertrag zustande gekommen?

Hier haben sich X und G über den Abschluss eines Kaufvertrages geeinigt. Diese Einigung würde den K binden, wenn X ihn wirksam vertreten hätte. Jedoch hat X **nicht im Namen des K** gehandelt. Der Wille des X, im Namen des K zu handeln, ist nicht erkennbar hervorgetreten. Dass X nicht im eigenen Namen handeln wollte, ist gemäß § 164 Abs. 2 unbeachtlich. Der Kaufvertrag ist daher **zwischen X und G** zustande gekommen.

!

*Zu beachten ist, dass auch eine **Anfechtung** des X **nach § 119 Abs. 1 Alt. 1** mit dem Argument, er habe gar nicht im eigenen Namen handeln wollen, **durch § 164 Abs. 2 ausgeschlossen** ist.*

Strohmann-Geschäft

Das Beispiel zeigt, dass in den sogenannten „Strohmann-Fällen" der Vertrag oft zwischen dem Strohmann und dem Dritten zustande kommt (außer in den Fällen, in denen eine Ausnahme vom Offenkundigkeitsprinzip zugelassen ist, dazu sogleich). Der Strohmann kann im Innenverhältnis zum Geschäftsherrn Rückgriff nehmen. Liegt – wie hier – ein Auftrag gemäß § 662 vor (dieser ist gekennzeichnet durch die Unentgeltlichkeit), so kann der Strohmann (hier X) gemäß § 670 seine Auslagen zurückfordern.

Der Vertreter muss aber **nicht unbedingt ausdrücklich** den Namen des Vertretenen nennen, es reicht aus, dass **die Umstände ergeben**, dass für den Vertretenen gehandelt wird, vgl. **§ 164 Abs. 1 S. 2**. Eine **wichtige Fallgruppe** ist dabei das **unternehmensbezogene Geschäft**. Ist ein Unternehmensbezug gegeben, so wird im Zweifel der Inhaber des Unternehmens verpflichtet, und nicht der für das Unternehmen Handelnde.

Unternehmensbezogenes Geschäft

!

Im Fall des § 164 Abs. 1 S. 2, insbesondere beim unternehmensbezogenen Geschäft, liegt also ein Fall „echter Stellvertretung" vor, d.h. die §§ 164 ff. finden Anwendung. Dies ist strikt abzugrenzen vom vorher dargestellten Fall der „verdeckten"/„mittelbaren" Stellvertretung, welcher letztlich keinen Fall einer Stellvertretung darstellt, sodass die §§ 164 ff. dort gerade nicht eingreifen!

Beispiel: Die Verkäuferin in der Bäckerei wird in der Regel nicht darauf hinweisen, dass nicht sie, sondern der Inhaber der Bäckerei Vertragspartner werden soll. Dennoch ist selbstverständlich, dass sie im Namen des Inhabers handelt. Die mit der Verkäuferin vereinbarten Verträge kommen daher mit dem Inhaber der Bäckerei zustande.

2. Ausnahmen vom Offenkundigkeitsprinzip

Ausnahmen vom Offenkundigkeitsprinzip

Das Offenkundigkeitsprinzip gilt nicht uneingeschränkt.

- **§ 1357**

  Eine Ausnahme davon ist gesetzlich geregelt: § 1357. Tätigt ein Ehegatte ein Geschäft zur angemessenen Deckung des Lebensbedarfs, so werden beide Ehegatten daraus berechtigt und verpflichtet. Diese Wirkung tritt sogar dann ein, wenn der Vertragspartner gar nicht weiß, dass der mit ihm Verhandelnde verheiratet ist.

- **Geschäft für den, den es angeht**

  Die weitere Ausnahme vom Offenkundigkeitsprinzip lässt sich aus seinem Sinn erklären. Das Offenkundigkeitsprinzip dient – wie erwähnt – dem Schutz des Erklärungsempfängers. Er will in der Regel wissen, wer hinter der Erklärung steht. Bei Verträgen will er meist wissen, wer sein Vertragspartner ist.

Ausnahmen vom Offenkundigkeitsprinzip sind daher zu machen, wenn **dem Erklärungsempfänger der Name des Vertretenen gleichgültig** ist.

Bei den **Bargeschäften des täglichen Lebens**, bei denen es dem Vertragspartner egal ist, mit wem er kontrahiert, ist eine Ausnahme vom Offenkundigkeitsprinzip zu machen.

Beispiel: A bittet seinen Freund B, der in die Stadt fährt, ihm eine Musik-CD mitzubringen. B begibt sich in das Geschäft des H und kauft dort eine Musik-CD, die er bar bezahlt und mitnimmt. Zwischen wem ist der Kaufvertrag zustande gekommen?

Da B die CD gleich bezahlt und es dem H völlig gleichgültig ist, ob sein Vertragspartner A, B, X oder Y heißt, hat B beim Kaufvertragsschluss den A wirksam vertreten, obwohl er gegenüber dem H nicht deutlich gemacht hat, dass er im Namen des A handelt. Der Kaufvertrag ist somit zwischen dem A und dem H zustande gekommen.

! *Ein weiteres Problem beim Geschäft für den, den es angeht, stellt sich im Sachenrecht. Dies ist aber nicht Gegenstand dieses Grundlagenskripts für Einsteiger.*

3. Handeln unter fremdem Namen

Namens- und Identitätstäuschung unterscheiden

Das Handeln **in** fremdem Namen ist vom Handeln **unter** fremdem Namen zu unterscheiden (zur besseren Abgrenzung wird auch die Bezeichnung „Handeln unter falscher Namensangabe“ verwendet). Beim **Handeln unter falscher Namensangabe** sind **zwei Fallgruppen** zu unterscheiden: die schlichte **Namenstäuschung** und die **Identitätstäuschung**.

- **Namenstäuschung**

  Verwendet jemand aus irgendwelchen Gründen nicht seinen eigenen Namen, sondern irgendeinen (Allerwelts-)Namen, so wird der Handelnde gleichwohl verpflichtet. Hier gilt: **„Namen sind Schall und Rauch“**. Bei Kenntnis des wahren Namens hätte der Vertragspartner den Vertrag auch geschlossen.

  Beispiel: Generaldirektor D will ein Wochenende in einem abseits gelegenen Hotel verbringen. Um unerkannt zu bleiben, gibt er sich als Herr Müller aus. Wer ist Vertragspartner?

  Hier kommt der Vertrag zwischen D und dem Inhaber des Hotels zustande. Der Name des D hat für das abgeschlossene Rechtsgeschäft überhaupt keine Bedeutung, er ist „Schall und Rauch“. **§§ 164 ff.** finden in diesem Fall der bloßen **„Namenstäuschung“ keine Anwendung**.

Identitätstäuschung

Anders ist der Fall jedoch zu sehen, wenn jemand einen falschen Namen verwendet, der Vertragspartner mit diesem Namen aber bestimmte Vorstellungen verbindet und **den Vertrag nur deshalb abschließt, weil er mit dem wahren Namensträger kontrahieren will**. Hier hätte der Vertragspartner den Vertrag bei Kenntnis des wahren Namens nicht geschlossen.

Beispiel: In der Stadt S findet eine Messe statt, weswegen so ziemlich alle Hotels belegt sind. A, der wegen der Messe auch anreisen möchte, hat schon bei einigen Hotels erfolglos angefragt. Nunmehr ruft er beim Hotel H an, das stets ein Zimmer für besondere Fälle freihält. Er gibt sich als der berühmte Filmschauspieler P aus. Erfreut darüber, dass P ein Zimmer in seinem Hotel mieten möchte, sagt H dem A, dass alles in Ordnung gehe. Wer ist Vertragspartner?

Hier liegt ein Fall der **Identitätstäuschung** vor, denn H hätte nicht zugesagt, wenn er den wahren Namen des A gehört hätte, er wollte den Vertrag mit P abschließen. Nach h.M. gelten in den Fällen der Identitätstäuschung die **§§ 164 ff. analog**.

P ist nicht an die WE, die A abgegeben hat, gebunden. A hat zwar im Namen des P gehandelt, er hatte jedoch keine Vertretungsmacht. Für die Fälle der Vertretung ohne Vertretungsmacht gelten die §§ 177 ff. Demnach kann P, falls er das möchte, das Geschäft an sich ziehen und es genehmigen (§ 177 Abs. 1 analog). In diesem Fall wäre P rückwirkend (§ 184) als Vertragspartner des H anzusehen.

Falls P das Geschäft nicht genehmigt, haftet A aus § 179 analog.

In einer **aktuellen Entscheidung**, welche für die Praxis des Internethandels wie für die Klausurenpraxis gleichermaßen wichtig ist, hat der **BGH** entscheiden, dass in dem Fall, dass **unter Nutzung eines fremden eBay-Mitgliedskontos auf den Abschluss eines Vertrages gerichtete Erklärungen abgegeben werden**, ein solches **„Handeln unter fremdem Namen" in der Fallgruppe der „Identitätstäuschung"** vorliegt und daher die §§ 164 ff. analog anzuwenden seien.

Allerdings ist zu **beachten**, dass ohne Vollmacht oder nachträgliche Genehmigung des Inhabers eines solchen eBay-Mitgliedskontos unter fremdem Namen abgegebene rechtsgeschäftliche Erklärungen **nur unter den Voraussetzungen der Duldungs- und Anscheinsvollmacht (dazu sogleich unter 4. Abschnitt, IV. 4.!) zuzurechnen** sind. Für eine Zurechnung reicht es nicht aus, dass der Kontoinhaber die Zugangsdaten nicht hinreichend vor dem Zugriff des Handelnden geschützt hat.

Handeln unter falscher Namensangabe

Namenstäuschung	Identitätstäuschung
(Name ist dem Vertragspartner gleichgültig)	(Vertragspartner will mit dem wahren Namensträger kontrahieren)
↓	↓
Vertrag kommt mit dem Handelnden zustande	Es gelten die §§ 164 ff. analog
	↓
	Handelnder ist Vertreter ohne Vertretungsmacht
	↓
	§§ 177 ff. analog

IV. Probleme der Vertretungsmacht

Vertretungsmacht

Schließlich muss der Vertreter gemäß § 164 Abs. 1 S. 1 „innerhalb der ihm zustehenden Vertretungsmacht" handeln.

Es gibt – wie erwähnt – **gesetzliche** (Sonderfall: organschaftliche) und **rechtsgeschäftliche** Vertretungsmacht, die auch Vollmacht genannt wird (vgl. § 166 Abs. 2).

1. Vertretung ohne Vertretungsmacht

Vertretung ohne Vertretungsmacht

Voraussetzung dafür, dass dem Vertretenen die WE, die der Vertreter abgibt, zugerechnet werden kann, ist gemäß § 164 Abs. 1 S. 1 das Handeln des Vertreters „innerhalb der ihm zustehenden Vertretungsmacht". Handelt er **nicht innerhalb dieser Vertretungsmacht** oder hat er **gar keine Vertretungsmacht**, so ist **derjenige, in dessen Namen er handelt, nicht an die WE gebunden**.

Es gelten die **§§ 177–180**. Dabei ist zwischen **Verträgen** und **einseitigen Rechtsgeschäften** zu differenzieren.

a) Verträge

Rechtsfolgen bei Verträgen

Bei **Verträgen** besteht gemäß **§ 177 Abs. 1** zunächst die Möglichkeit der Genehmigung.

Zustimmung

Vorherige Zustimmung = Einwilligung, §§ 182, 183	**Nachträgliche Zustimmung** = Genehmigung, §§ 182, 184
Widerruflich bis zur Vornahme des Rechtsgeschäfts	Wirkt grds. auf den Zeitpunkt der Vornahme des Rechtsgeschäfts zurück

Der ohne Vertretungsmacht Vertretene hat die Möglichkeit, das Geschäft durch Genehmigung an sich zu ziehen. Er wird dadurch Vertragspartner, und der Vertrag ist gemäß §§ 182, 184 rückwirkend als wirksam zu betrachten.

Gemäß **§ 177 Abs. 2** kann der Vertragspartner den Vertretenen zur Erklärung über die Genehmigung auffordern. Wenn daraufhin der Vertretene innerhalb von zwei Wochen nicht reagiert, so wird die Verweigerung der Genehmigung gemäß § 177 Abs. 2 S. 2 fingiert.

!

§ 177 Abs. 2 S. 2 stellt eine Fiktion dar. Der Gesetzgeber verwendet gelegentlich Fiktionen, d.h. er stellt einen bestimmten Sachverhalt einem anderen Sachverhalt gleich. In § 177 Abs. 2 S. 2 wird das Nicht-Reagieren innerhalb von zwei Wochen auf die Aufforderung der Verweigerung der Genehmigung gleichgestellt.

Aushilfshaftung des Vertreters ohne Vertretungsmacht

Verweigert der Vertretene die Genehmigung, so gilt **§ 179**. Grundsätzlich muss der Vertreter ohne Vertretungsmacht haften. Der Vertreter ohne Vertretungsmacht, der auch als falsus procurator bezeichnet wird, **wird nicht Vertragspartner!** § 179 stellt nur eine **Aushilfshaftung** dar für den Fall, dass sonst niemand haftet.

Dabei gilt ein **Stufenverhältnis**:

- **§ 179 Abs. 3:**

Stufenhaftung des Vertreters ohne Vertretungsmacht

  Der falsus procurator haftet gar nicht in den Fällen des § 179 Abs. 3. Zum einen haftet der beschränkt geschäftsfähige Vertreter grundsätzlich nicht (§ 179 Abs. 3 S. 2), es sei denn, er hat mit Zustimmung seines gesetzlichen Vertreters gehandelt. Dahinter steckt der Grundgedanke des Minderjährigenschutzes. Wenn dem beschränkt Geschäftsfähigen schon in § 165 gestattet ist, als Vertreter aufzutreten, so darf ihm daraus kein Nachteil entstehen. Zum anderen scheidet die Haftung des falsus procurator auch dann aus, wenn der andere Teil den Mangel der Vertretungsmacht gekannt hat oder den Mangel kennen musste, § 179 Abs. 3 S. 1. Kennenmüssen ist in § 122 Abs. 2 definiert und bedeutet Nichtkennen infolge von Fahrlässigkeit.

!

***Sinn und Zweck des Anspruchsausschluss in § 179 Abs. 3** ist Folgender: § 179 stellt eine Aushilfshaftung dar und beruht auf dem Gedanken, dass der Vertreter ohne Vertretungsmacht **Vertrauen veranlasst und enttäuscht** hat. Für dieses enttäuschte Vertrauen muss der Vertreter daher aufgrund einer sogenannten **Garantiehaftung** nach § 179 einstehen. Wusste aber der Vertragspartner, dass der Handelnde keine Vertretungsmacht hatte oder hat er dies infolge von Fahrlässigkeit nicht erkannt, so ist es nicht gerechtfertigt, ihm den Anspruch aus § 179 zu gewähren, denn in diesem Fall hatte er keinen Anlass, Vertrauen aufzubauen.*

- **§ 179 Abs. 2:**

Haftung auf das negative Interesse

Der Vertreter ohne Vertretungsmacht haftet **nur für den Vertrauensschaden**, den der andere Teil erlitten hat, wenn er den Mangel der Vertretungsmacht nicht gekannt hat, vgl. § 179 Abs. 2. Dabei ist der andere Teil so zu stellen, wie er stehen würde, wenn er nichts von dem Geschäft gehört hätte.

- **§ 179 Abs. 1:**

Haftung auf das positive Interesse

Schließlich haftet der Vertreter ohne Vertretungsmacht nach § 179 Abs. 1 voll, wenn er den Mangel der Vertretungsmacht gekannt hat. Der andere Teil ist **so zu stellen, als wenn erfüllt worden wäre**. Er hat dabei die Wahl, ob er Erfüllung des Vertrages oder Schadensersatz (in Höhe des Erfüllungsinteresses, z.B. entgangener Gewinn) geltend macht.

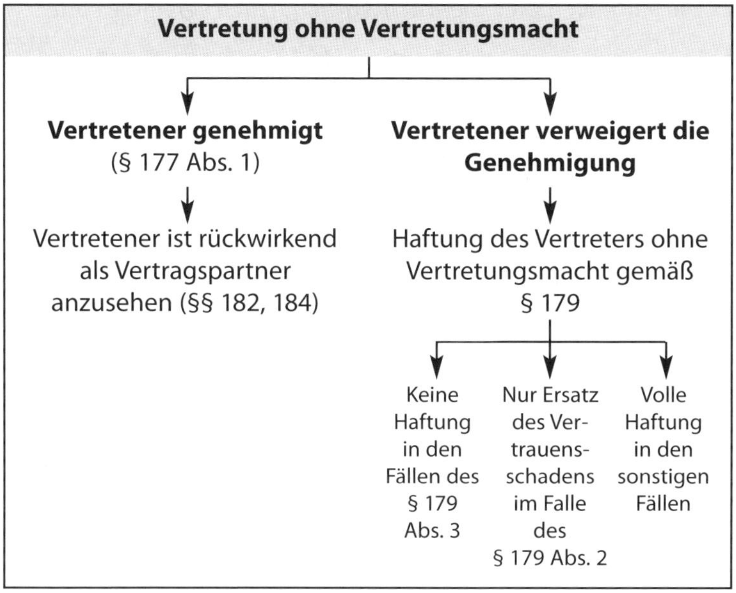

b) Einseitige Rechtsgeschäfte

Bei einseitigen Vertretergeschäften gilt § 180

Bei **einseitigen Rechtsgeschäften** gilt **§ 180**. Hier ist Vertretung ohne Vertretungsmacht grundsätzlich unzulässig. Allerdings gelten die Vorschriften über Verträge, also die §§ 177–179 entsprechend, wenn derjenige, gegenüber dem das einseitige Rechtsgeschäft vorzunehmen war (also z.B. der Anfechtungsgegner oder der Empfänger einer Kündigungserklärung), die behauptete Vertretungsmacht nicht beanstandet oder damit einverstanden ist, dass der Vertreter ohne Vertretungsmacht handelt, vgl. § 180 S. 2.

2. Erteilung der Vollmacht

a) Die Innen- und die Außenvollmacht

Vollmacht grundsätzlich formlos

Die Vollmacht wird in der Regel durch einseitige empfangsbedürftige Willenserklärung als **Innen- bzw. Außenvollmacht** erteilt, vgl. **§ 167**.

Ausnahme: unwiderrufliche Vollmacht zu einem formbedürftigen Geschäft

§ 167 Abs. 2 regelt zwar, dass die Vollmachtserteilung grundsätzlich **formfrei** möglich ist, auch wenn das mit der Vollmacht vorzunehmende Rechtsgeschäft formbedürftig ist.

Es gibt jedoch Ausnahmefälle, in denen die Vollmachtserteilung formbedürftig ist:

- Die Parteien haben dies **rechtsgeschäftlich** vereinbart oder
- es greift eine **gesetzliche Ausnahme** zu § 167 Abs. 2 ein (z.B. § 492 Abs. 4 S. 1);
- darüber hinaus wird **§ 167 Abs. 2 in einigen Fällen einschränkend ausgelegt** (z.B. erteilt der Geschäftsherr eine **unwiderrufliche** Vollmacht zum **Grundstückskauf bzw. Grundstücksverkauf**, so muss diese Vollmacht trotz § 167 Abs. 2 notariell beurkundet werden, da anderenfalls der Schutzzweck des § 311 b Abs. 1 S. 1 umgangen würde; bei formbedürftigen Bürgschaften bedarf nach der Rspr. die Vollmacht des Bürgen der Form des § 766).

b) Untervollmacht

Der Geschäftsherr kann den Vertreter auch dazu bevollmächtigen, **seinerseits einen anderen** als Vertreter zu bestellen.

Untervollmacht

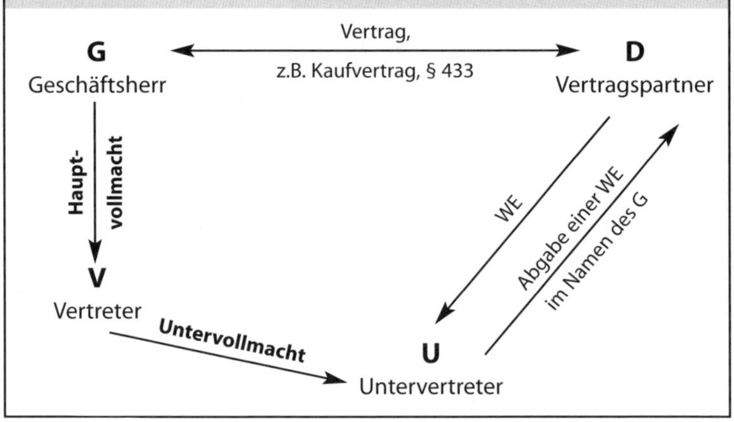

c) Umfang der Vollmacht

Gestaltungsmöglichkeiten bei der Vollmachtserteilung

Bei der Erteilung wird auch der Umfang der Vollmacht bestimmt. Der Vollmachtgeber kann den Umfang in unterschiedlicher Weise ausgestalten.

- Er kann Vollmacht **nur für ein bestimmtes Rechtsgeschäft** erteilen. Dies ist die sogenannte **Spezialvollmacht**.
- Die **Gattungsvollmacht** (Artvollmacht) ermächtigt zur Vornahme **zu einem bestimmten Geschäftsbereich gehörender Rechtsgeschäfte**.

- Mit einer **Generalvollmacht** kann der Vertreter **alle Rechtsgeschäfte** für den Geschäftsherrn vornehmen, bei denen Stellvertretung zulässig ist.
- Es gibt auch bestimmte **gesetzliche Vorschriften**, die den **Umfang der Vertretungsmacht bestimmen**.

  Diese Vorschriften finden sich im Handelsrecht (= Sonderprivatrecht der Kaufleute). Ein Beispiel dafür ist die Prokura, §§ 48 ff. HGB. Der Prokurist besitzt gemäß §§ 48, 49 HGB Vertretungsmacht für alle Rechtsgeschäfte, die der Betrieb eines Handelsgewerbes mit sich bringt (ausgenommen ist nur die Veräußerung und Belastung von Grundstücken, § 49 Abs. 2 HGB). Eine Beschränkung der Prokura ist nur im Innenverhältnis möglich (z.B. kann der Geschäftsherr dem Prokuristen die Vorgabe machen, Geschäfte nur bis zur Höhe von 10.000 € zu tätigen). Eine solche Beschränkung ist aber im Außenverhältnis nicht wirksam, vgl. § 50 HGB. Hier wird das oben dargestellte Abstraktionsprinzip bei der Stellvertretung deutlich, es ist zwischen Innenverhältnis und Vertretungsmacht zu trennen!

3. Erlöschen der Vollmacht

a) Erlöschensgründe

Die Vollmacht kann auf verschiedene Art und Weise erlöschen:

Trotz der grundsätzlichen Abstraktheit von Vertretungsmacht und Grundverhältnis bestimmt **§ 168 S. 1**, dass sich das Erlöschen der Vollmacht nach dem zugrunde liegenden Rechtsverhältnis bestimmt. Demnach kann z.B. eine Einzelvollmacht durch Verbrauch erlöschen, d.h. dadurch, dass das Rechtsgeschäft durch den Bevollmächtigten abgeschlossen wird.

Nach **§ 168 S. 2** kann eine Vollmacht auch durch Widerruf erlöschen. Dies setzt aber voraus, dass die Vollmacht widerruflich ist. Bei unwiderruflich erteilter Vollmacht besteht die Möglichkeit des Widerrufs nicht, vgl. § 168 S. 2 am Ende: „sofern sich nicht ... ein anderes ergibt".

Bei der Stellvertretung ist zu beachten, dass die Vollmacht im Außenverhältnis („rechtliches Können gegenüber Dritten") und das im Innenverhältnis zugrundeliegende Rechtsverhältnis („rechtliches Dürfen gegenüber dem Vertretenen") in ihrer Wirksamkeit unabhängig sind, sogenanntes Abstraktionsprinzip der Stellvertretung. Während dieses Abstraktionsprinzip in § 168 S. 1 jedoch durchbrochen wird, wird es in !

§ 168 S. 2 wiederum deutlich, da hiernach die Vollmacht eben – trotz Fortbestehen des Grundverhältnisses – durch Widerruf zum Erlöschen gebracht werden kann.

Schließlich kann die Vollmachtserteilung als einseitige empfangsbedürftige WE grundsätzlich auch angefochten werden. Die Anfechtung der Vollmacht ist aber nicht unproblematisch, vor allem dann, wenn von der Vollmacht bereits Gebrauch gemacht wurde.

b) Die Anfechtung der Vollmacht

Probleme bei der Vollmachtsanfechtung

Hat der Vollmachtgeber sich bei der Erteilung der Vollmacht geirrt (Beispiel: G will den V bevollmächtigen, ein Auto zu kaufen. Als Höchstsumme, die V dabei ausgeben darf, möchte er 35.000 € festlegen, verspricht sich aber und sagt 53.000 €), so hat er grundsätzlich einen Anfechtungsgrund aus § 119 (im Beispiel liegt ein Erklärungsirrtum gemäß § 119 Abs. 1 Alt. 2 vor). Denkbar ist auch, dass der Vollmachtgeber bedroht oder arglistig getäuscht wurde, sodass er nach § 123 anfechten könnte.

Im Hinblick auf die Frage der Anfechtung der Vollmacht sind nun **zwei Fallgruppen zu unterscheiden:**

!

Die Problematik der Anfechtung der Vollmacht durch den Vertretenen stellt eine beliebte Aufgabenstellung in Anfängerprüfungen wie auch noch im Examen dar, welches Ihnen unbedingt geläufig sein muss!

Rechtslage vor dem Ausführungsgeschäft

aa) Ist die **Vollmacht noch nicht gebraucht** worden, so kann der Vollmachtgeber eine **unwiderrufliche** Vollmacht unproblematisch anfechten. Bei der **widerruflichen** Vollmacht besteht die Möglichkeit des Widerrufs nach § 168 S. 2, sodass man hier eine Anfechtung als unnötig erachten könnte. Die **h.M.** lässt dennoch **auch hier** die Anfechtung einer widerruflichen Vollmacht zu, da die Möglichkeit des Widerrufs die Anfechtung nicht ausschließt.

Problem: Anfechtung einer Vollmacht nach Ausführung des Geschäfts

bb) Problematischer ist die **Anfechtung einer bereits gebrauchten Vollmacht**, wenn der Vertreter das Rechtsgeschäft mit einem Dritten schon abgeschlossen hat. Teilweise wird hier die Anfechtung als unzulässig erachtet, da sich aus § 166 Abs. 1 ergebe, dass der Vertretene das Vertretergeschäft, nicht aber daneben auch noch die Vollmacht anfechten können solle. Die **h.M.** lässt aber **auch hier** die Anfechtung zu, da die Vollmacht nach dem Gesetz keiner Sonderregelung unterliegt und daher wie jede andere WE selbst nach Abschluss des Vertretergeschäfts anfechtbar ist.

Umstritten ist hier **innerhalb der h.M., wem gegenüber** die Anfechtung zu erklären ist, wer also Anfechtungsgegner gemäß § 143

Abs. 3 S. 1 ist. Teilweise wird differenziert, ob eine Innenvollmacht (dann Anfechtung gegenüber dem Vertreter) oder eine Außenvollmacht (dann Anfechtung gegenüber dem Vertragspartner) vorliegt. Teilweise wird aber auch vertreten, dass die Anfechtung gegenüber dem Vertragspartner zu erklären sei, da es letztlich darum gehe, die Rechtsfolgen des Geschäfts, das der Vertreter mit diesem abgeschlossen hat, zu beseitigen.

*Der Vertragspartner kann, wenn die Anfechtung **ihm gegenüber** erfolgt ist, einen Schadensersatzanspruch nach **§ 122 Abs. 1 (unmittelbar)** gegen den Vertretenen geltend machen. Wurde die Anfechtung hingegen **gegenüber dem Vertreter** erklärt (s.o.), räumt die h.M. dem Vertragspartner ebenfalls einen unmittelbaren Ersatzanspruch gegen den Vollmachtgeber ein, der aus einer **analogen Anwendung des § 122 Abs. 1** hergeleitet wird, da dieser letztlich unabhängig vom Vertreter aufgrund seines Irrtums für den Schaden einstehen soll.* !

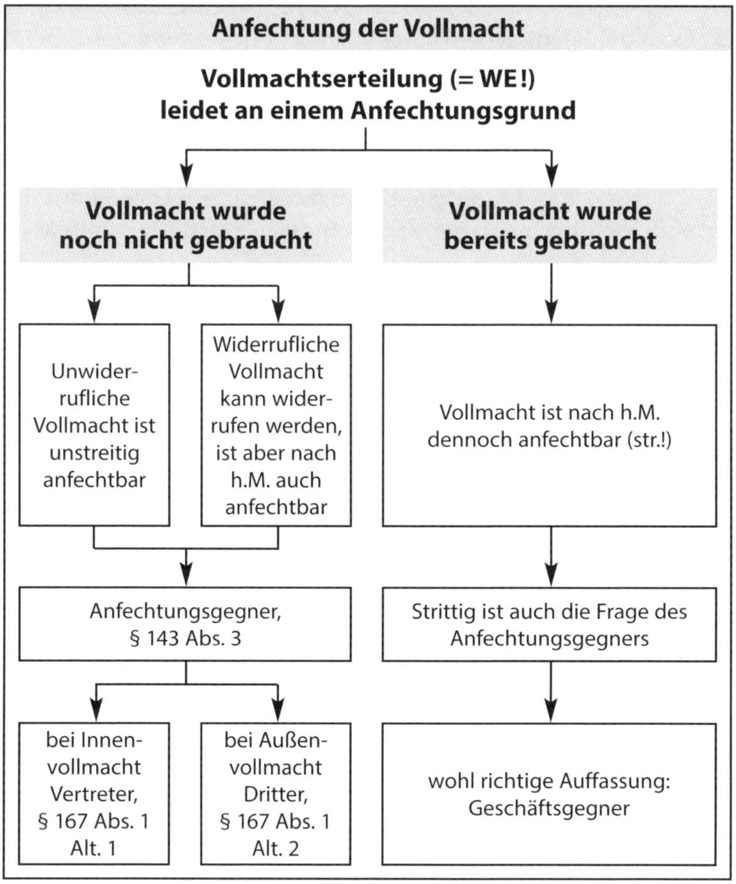

4. Fortbestand der Vollmacht kraft Rechtsscheins

Vollmacht kraft Rechtsscheins

Ist die Vollmacht erloschen, so wird derjenige, der mit dem vollmachtlosen Vertreter ein Rechtsgeschäft abgeschlossen hat und der Meinung ist, dass eine Vollmacht bestehe, **grundsätzlich nur über die §§ 177 ff. geschützt**. In **Ausnahmefällen** wird aber **der gute Glaube an das Bestehen einer Vollmacht weitergehend geschützt**. Dies geschieht **über die §§ 170–173**, über die Grundsätze der **Duldungsvollmacht** und schließlich über die Grundsätze der **Anscheinsvollmacht**. In diesen Fällen wird die Vollmacht als bestehend angesehen und der Vertretene ist an das Geschäft, das der Vertreter tätigt, gebunden.

Gemeinsames Grundgerüst bei Prüfung von Duldungs- und Anscheinsvollmacht

Die §§ 170–173, die Duldungsvollmacht und die Anscheinsvollmacht haben allesamt das **gleiche Grundgerüst**, das in **drei Schritten** zu prüfen ist:

Aufbauschema

- Es ist der Rechtsschein einer Vollmacht gesetzt worden.
- Dieser Rechtsschein wurde vom Vertretenen zurechenbar veranlasst.
- Der Dritte, der mit dem Vertreter das Rechtsgeschäft abgeschlossen hat, ist gutgläubig, d.h. er hatte weder Kenntnis vom Nichtbestehen der Vollmacht noch musste er davon wissen.

a) Der Schutz des Vertragspartners nach §§ 170–173

Die §§ 170–173

Die §§ 170–173 sind **direkt** anwendbar, wenn eine Vollmacht erloschen ist. **Analog** sind sie anwendbar, wenn eine Vollmacht von vornherein nicht wirksam entstanden oder durch Anfechtung rückwirkend erloschen ist (Ausnahme: § 170 setzt eine wirksam erteilte Außenvollmacht voraus und ist nicht anwendbar, wenn die Vollmacht infolge von Anfechtung gemäß § 142 von Anfang an nichtig ist).

Rechtsfolge der §§ 170–173 ist, dass die Vollmacht besteht, dass also eine wirksame Vertretung möglich ist, wenn die sonstigen Voraussetzungen vorliegen.

Die einzelnen Tatbestände

aa) Nach h.M. stellen die §§ 170–172 Rechtsscheinstatbestände dar.

- **§ 170** regelt den Fall der **Außenvollmacht** (§ 167 Abs. 1 Alt. 2), die nur gegenüber dem Vertreter widerrufen wurde.

- **§ 171** betrifft den Fall der **Innenvollmacht** (§ 167 Abs. 1 Alt. 1), die in besonderer Weise nach außen kundgemacht wurde.

- **§ 172** betrifft den Fall einer **Vollmachtsurkunde**, die dem Vertreter ausgehändigt wurde und nach Erlöschen der Vollmacht nicht zurückgegeben wurde bzw. nicht für kraftlos erklärt wurde (vgl. dazu § 172 Abs. 2 i.V.m. §§ 175, 176).

Zurechenbare Veranlassung des Rechtsscheins

bb) Diesen Rechtsschein hat der Vertretene **zurechenbar veranlasst** durch willentliches Handeln. Er hat Außenvollmacht erteilt (Fall des § 170), er hat eine Innenvollmacht nach außen kundgemacht (§ 171) oder er hat eine Vollmachtsurkunde ausgehändigt und nicht zurückgefordert bzw. nicht für kraftlos erklären lassen (§ 172).

Gutgläubigkeit des Vertragspartners

cc) Schließlich muss der Geschäftspartner gemäß § 173 gutgläubig sein.

b) Duldungsvollmacht

Duldungsvollmacht

Die Duldungsvollmacht (nicht im Gesetz geregelt) wird von der **h.M.** als ein **weiterer Fall der Rechtsscheinsvollmacht** angesehen. Sie hat folgende Voraussetzungen:

Aufbauschema

- Ein vollmachtloser Vertreter tritt (in der Regel wiederholt und während einer gewissen Dauer) als Vertreter auf (Rechtsschein einer Vollmacht).
- Der Vertretene hat Kenntnis von diesem Auftreten und duldet es (zurechenbare Veranlassung des Rechtsscheins).
- Der Geschäftspartner ist gutgläubig, er weiß nicht, dass der Vertreter ohne Vertretungsmacht handelt, und er muss dies auch nicht wissen.

Nach der **h.M.** handelt es sich bei der Duldungsvollmacht um eine **Vollmacht kraft Rechtsscheins**, nach a.A. um eine **konkludent** (durch wissentliches Dulden) **erteilte Vollmacht**.

Bedeutung hat dieser Streit für die Frage, ob eine Anfechtung möglich ist. Sieht man die Duldungsvollmacht als konkludent erteilte Vollmacht an, so ist eine Anfechtung möglich. Dagegen ist umstritten, ob die Anfechtung von Rechtsscheinstatbeständen möglich ist.

c) Anscheinsvollmacht

Anscheinsvollmacht

Die Anscheinsvollmacht hat nach h.M. praktisch identische Voraussetzungen und Rechtsfolgen wie die Duldungsvollmacht:

!

*Zum Teil wird die **Anscheins**vollmacht auch als „**fahrlässige Duldungs**vollmacht" bezeichnet!*

Aufbauschema
■ Ein vollmachtloser Vertreter tritt (in der Regel wiederholt und während einer gewissen Dauer) als Vertreter auf (Rechtsschein einer Vollmacht, wie bei der Duldungsvollmacht).
■ Der Vertretene hat keine Kenntnis von diesem Auftreten, er hätte aber bei pflichtgemäßer Sorgfalt dieses Auftreten verhindern können (zurechenbare Veranlassung des Rechtsscheins).
■ Der Geschäftspartner ist gutgläubig.

In einer **äußerst prüfungsrelevanten Entscheidung** nimmt der **BGH** für den Fall, in dem **unter Nutzung eines fremden eBay-Mitgliedskontos** auf den Abschluss eines Vertrages gerichtete Erklärungen abgegeben werden, ein **Handeln unter fremdem Namen** an (siehe bereits oben 4. Abschnitt, III., 3.!). Insoweit sind **die Regeln der Stellvertretung (§§ 164 ff.) sowie die Grundsätze der Anscheins- und Duldungsvollmacht analog anzuwenden**.

Werden die rechtsgeschäftlichen Erklärungen in dieser Konstellation (wie das häufig der Fall sein wird) **ohne Vollmacht oder nachträgliche Genehmigung** (vgl. § 177 Abs. 1 analog) des Inhabers eines solchen eBay-Mitgliedskontos unter fremdem Namen abgegeben, können diese **nur unter den Voraussetzungen der Duldungs- und Anscheinsvollmacht zugerechnet** werden. Für eine solche Zurechnung reicht es jedoch nach Ansicht des BGH nicht aus, dass der Kontoinhaber die Zugangsdaten nicht hinreichend vor dem Zugriff des Handelnden geschützt hat.

5. Grenzen der Vertretungsmacht

a) Missbrauch der Vertretungsmacht

aa) Ein Grundprinzip der Stellvertretung ist (wie bereits dargestellt, s.o.!) das **Abstraktionsprinzip**, das besagt, dass die Vertretungsmacht grundsätzlich unabhängig vom Innenverhältnis ist. Rechtsgeschäfte, die der Vertreter **unter Missachtung der internen Absprache**, aber noch **unter Beachtung der ihm zustehenden Vertretungsmacht** abschließt, sind daher **grundsätzlich wirksam** und **binden den Vertretenen**.

Beispiel: Im Innenverhältnis ist zwischen dem Inhaber eines Handelsgeschäfts H und seinem Prokuristen P abgesprochen, dass dieser nur Geschäfte bis zu 10.000 € tätigen darf. Bei Überschreitung dieser Grenze muss P sich mit H absprechen (vgl. aber § 50 HGB). Trotzdem kauft P im Namen des H bei D einen Lkw für 100.000 €. Ist H an das Geschäft gebunden?

Unterschied zwischen Dürfen und Können

Hier **missachtet** P zwar die **Grenzen seines rechtlichen Dürfens im Innenverhältnis**, er hätte sich mit H absprechen müssen. Dennoch ist der Kaufvertrag zwischen D und H zustande gekommen, denn P **hält sich in den Grenzen des rechtlichen Könnens im Außenverhältnis**. Die Beschränkung der Prokura ist gegenüber Dritten gemäß § 50 Abs. 1 HGB unwirksam. P hat seine Vertretungsmacht nicht überschritten, da deren Umfang nach außen durch §§ 48 ff. HGB festgelegt ist. Er hat eine bestehende Vertretungsmacht lediglich zum Schaden des H missbraucht. Dies lässt die Bindung seines Geschäftsherrn grundsätzlich unberührt und führt nur dazu, dass er sich ihm gegenüber schadensersatzpflichtig macht.

!

Unterschied zwischen Überschreiten und Missbrauch der Vertretungsmacht

*Sie müssen somit in der Prüfung unbedingt folgende **zwei Fallgruppen unterscheiden** können:*

- *Der Vertreter **überschreitet** seine Vertretungsmacht, wenn sie ihm in dem Umfang nicht zusteht.*
- ***Missbrauchen** kann man eine Vertretungsmacht nur, wenn man sie auch hat, wie das im obigen Beispiel nach §§ 48 ff. HGB (kraft gesetzlicher Typisierung) der Fall ist! **Merksatz:** Missbrauch der Vertretungsmacht bedeutet Ausnutzung des rechtlichen Könnens unter Überschreitung des rechtlichen Dürfens!*

bb) In zwei Ausnahmefällen ist der Vertretene ausnahmsweise nicht gebunden:

Kollusion

(1) Fall der **Kollusion:** Rechtsgeschäfte, die der Vertreter im Einverständnis mit dem Geschäftspartner zum Nachteil des Vertretenen tätigt, sind nach § 138 Abs. 1 nichtig.

Evidenter Missbrauch

(2) Fall der **Evidenz des Missbrauchs:** Der Vertretene kann nach h.M. nicht in Anspruch genommen werden, da eine Inanspruchnahme gegen § 242 verstoßen würde, wenn folgende Voraussetzungen vorliegen:

- Der Vertreter macht in derart ersichtlich verdächtiger Weise von seiner Vertretungsmacht Gebrauch, dass der Missbrauch evident ist.

- Der Geschäftspartner weiß entweder von dem Missbrauch oder er drängt sich ihm auf. Umstritten ist, ob der Vertreter selbst Kenntnis von dem Missbrauch haben muss. Die h.M. verlangt dies nicht.

b) Gesetzliche Beschränkung der Vertretungsmacht nach § 181

Die (rechtsgeschäftliche oder gesetzliche) Vertretungsmacht kann gemäß § 181 eingeschränkt sein. **§ 181 verbietet grundsätzlich das sogenannte Insichgeschäft.**

Ist die Vertretungsmacht nach § 181 eingeschränkt, so **handelt der Vertreter ohne Vertretungsmacht**. Es **gelten die §§ 177 ff.**, und der Vertretene kann durch Genehmigung oder Verweigerung der Genehmigung entscheiden, ob er das Geschäft gelten lassen will oder nicht.

Fälle des § 181

aa) § 181 regelt **zwei Fälle**:

(1) Selbstkontrahierungsverbot, § 181 Alt. 1: Der Vertreter nimmt im Namen des Vertretenen mit sich selbst das Rechtsgeschäft vor.

Selbstkontrahierungsverbot

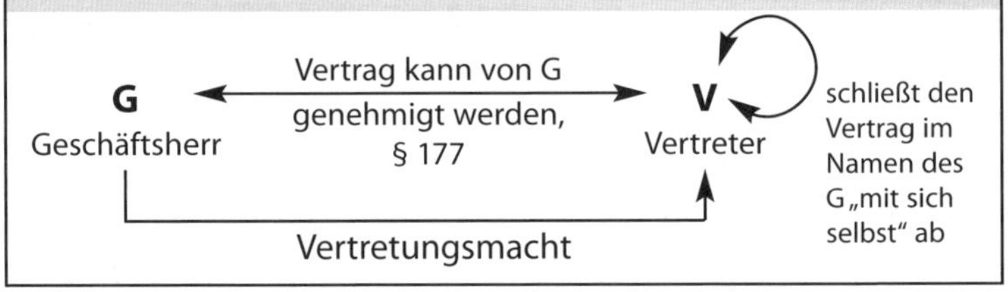

Mehrvertretung

(2) Mehrvertretungsverbot, § 181 Alt. 2: Der Vertreter kontrahiert mit sich selbst und vertritt dabei mehrere Parteien (siehe nachfolgende Übersicht).

Ausnahmsweise Insichgeschäft zulässig

bb) Ein **Insichgeschäft** kann aber auch **zulässig** sein.

(1) Zum einen ist in § 181 geregelt, dass das Insichgeschäft dann zulässig ist, wenn es gestattet ist oder wenn es **ausschließlich in der Erfüllung einer Verbindlichkeit besteht**.

(2) Zum anderen ist § 181 **kraft teleologischer Reduktion** unanwendbar, wenn das Rechtsgeschäft dem Vertretenen lediglich einen rechtlichen Vorteil bringt (Rechtsgedanke des § 107). Hier droht dem Vertretenen kein Schaden. Dann macht es keinen Sinn, § 181 anzuwenden.

Mehrvertretungsverbot

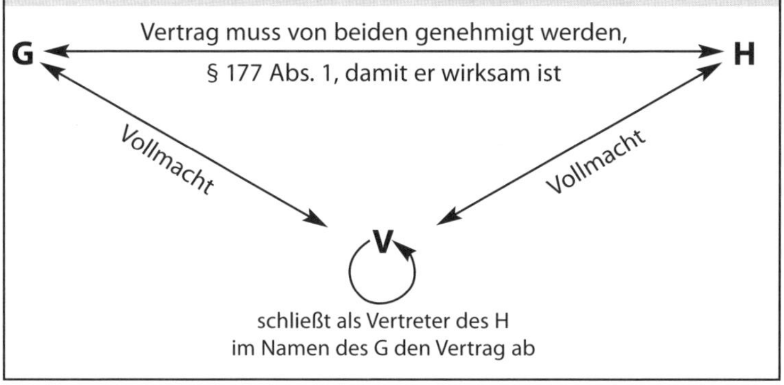

§ 181 analog

cc) Allerdings kann § 181 auch **über seinen Wortlaut hinaus analog** anwendbar sein. Ein Beispiel dafür ist, dass der Vertreter einen Untervertreter bestellt und das Rechtsgeschäft diesem gegenüber vornimmt. In diesem Fall ist § 181 zwar nicht seinem Wortlaut nach anwendbar, der Schutzzweck des § 181 gebietet aber eine analoge Anwendung.

V. Die Untervollmacht

1. Voraussetzungen

Der Unterbevollmächtigte leitet, anders als der Hauptbevollmächtigte, dem die Hauptvollmacht unmittelbar vom Geschäftsherrn (= Vertretenen) erteilt wird, von einem Vertreter des Geschäftsherrn ab.

Die **Voraussetzungen** für die Wirksamkeit des vom Untervertreter im Namen des Geschäftsherrn getätigten Rechtsgeschäfts sind:

- der Unterbevollmächtigte hat die Willenserklärung im Namen des Geschäftsherrn abgegeben
- der Hauptbevollmächtigte hat Untervollmacht erteilt
- der Hauptbevollmächtigte war berechtigt, das Geschäft selbst zu tätigen und Untervollmacht zu erteilen

2. Klausurrelevante Probleme im Zusammenhang mit der Untervollmacht

a) Der sogenannte „Vertreter des Vertreters"

Umstritten ist, ob eine **Zurechnung an den Geschäftsherrn** auch dann erfolgt, wenn der Hauptvertreter die Untervollmacht **zwar mit Vertretungsmacht** des Geschäftsherrn, **aber im eigenen Namen** erteilt hat. Der Untervertreter handelt dann als **sogenannter „Vertreter des Vertreters"**.

Die Rspr. bejaht diese Möglichkeit, denn die Rechtswirkungen des vom Untervertreter abgeschlossenen Geschäfts gingen „gleichsam gemäß den beiden Vollmachtsverhältnissen durch den Hauptvertreter hindurch". Nach anderer, in der Lit. vertretener Auffassung hat der Hauptvertreter hingegen kein Recht, im eigenen Namen eine Vollmacht zu erteilen, die dann den Geschäftsherrn binde.

b) Die fehlende Untervollmacht und die fehlende Hauptvollmacht

aa) Fehlende Untervollmacht

Ist die Hauptvollmacht wirksam erteilt, fehlt es lediglich an einer wirksamen Untervollmacht, **haftet der Untervertreter aus § 179.**

bb) Fehlende Hauptvollmacht

Beruht hingegen die Unwirksamkeit der Unterbevollmächtigung allein auf einer fehlenden Hauptvollmacht **ist nach der Rspr. zu unterscheiden:**

- legt der Untervertreter offen, dass er lediglich Untervertreter ist (sogenannte **offene** Untervertretung) **scheidet eine Haftung des Untervertreters aus § 179 im Wege einer sogenannten teleologischen Reduktion aus, vielmehr haftet der Hauptvertreter nach § 179 analog.**
- bei sogenannter **verdeckter** Untervertretung, bei der der Untervertreter wie ein vom Geschäftsherrn selbst bevollmächtigter Vertreter auftritt, haftet hingegen der Untervertreter selbst aus § 179.

1. Können Sie das Aufbauschema für die Prüfung einer Stellvertretung benennen?

1. Das Prüfungsschema lautet (vgl. § 164 Abs. 1): I. **Zulässigkeit** der Stellvertretung; II. Abgabe (bzw. Entgegennahme) einer **eigenen** WE; III. Handeln **in fremden Namen**; IV. Mit **Vertretungsmacht**.

2. Welche Einschränkungen bzw. Ausnahmen vom Offenkundigkeitsprinzip sind Ihnen bekannt?

2. Eine **Einschränkung** stellt das sogenannte **„Handeln für den Betriebsinhaber"** beim unternehmensbezogenen Geschäft dar (§ 164 Abs. 1 S. 2). Ausnahmen liegen vor: im Fall des **§ 1357**, beim sogenannten **„Geschäft für den, den es angeht"** und beim **Handeln unter fremdem Namen bei sogenannter „Identitätstäuschung"**.

3. Welche Rechtsfolgen gelten, wenn ein Vertreter ohne Vertretungsmacht auftritt?

3. Hier ist zwischen Verträgen (§§ 177–179) und einseitigen Rechtsgeschäften (§ 180) zu unterscheiden. Bei **Verträgen** besteht gemäß § 177 Abs. 1 die Möglichkeit der Genehmigung. Verweigert der Vertretene die Genehmigung, gilt § 179. Bei **einseitigen Rechtsgeschäften** ist gemäß § 180 S. 1 Vertretung ohne Vertretungsmacht grundsätzlich unzulässig, allerdings regelt § 180 S. 2 Besonderheiten.

4. Was sind die wichtigsten Erlöschensgründe einer Vollmacht?

4. Gemäß **§ 168 S. 1** bestimmt sich das Erlöschen der Vollmacht (trotz der grundsätzlichen Abstraktheit) nach dem zugrunde liegenden Rechtsverhältnis. Nach **§ 168 S. 2** kann eine (widerrufliche) Vollmacht auch durch **Widerruf** erlöschen. Nach h.M. kann die Vollmachtserteilung (als empfangsbedürftige WE) auch **angefochten** werden.

5. Wird der gute Glaube an das Bestehen einer Vollmacht geschützt?

5. Grundsätzlich wird derjenige, der mit einem vollmachtlosen Vertreter ein Rechtsgeschäft abgeschlossen hat, nur über die **§§ 177 ff.** geschützt. Darüber hinausgehend wird der gute Glaube an das Bestehen der Vollmacht auch über die **§§ 170–173** sowie über die Grundsätze der **Duldungs- und Anscheinsvollmacht** geschützt.

6. Welche Grenzen der Vertretungsmacht sind Ihnen bekannt?

6. Im Falle des **Missbrauchs der Vertretungsmacht** ist der Vertretene **ausnahmsweise** bei sogenannter **„Kollusion"** (hier greift § 138 Abs. 1) und im Falle der sogenannten **„Evidenz des Missbrauchs"** (hier steht einer Inanspruchnahme § 242 entgegen) nicht gebunden. Daneben stellt die Regelung des **§ 181** für das sogenannte **„Insichgeschäft"** eine gesetzliche Beschränkung der Vertretungsmacht dar (hier greifen die §§ 177 ff.).

5. Abschnitt: Minderjährigenrecht

A. Bedeutung und Funktion

Schutz des Minderjährigen

Der Grundsatz der Privatautonomie, nach dem jedermann seine Rechtsbeziehungen durch die Abgabe von WEen regeln kann, wird durch den Gesichtspunkt des Schutzes von Personen, denen eine gewisse Einsichtsfähigkeit (noch) nicht gegeben ist, eingeschränkt.

Einschränkung der Privatautonomie

Dabei ist im Gesetz im Interesse der Rechtssicherheit starr geregelt, wem diese Einsicht fehlt.

Geschützt werden Minderjährige, dauerhaft Geisteskranke und solche Personen, die vorübergehend einer Störung der Geistestätigkeit unterliegen oder im Zustand der Bewusstlosigkeit eine Willenserklärung abgeben.

B. Gesetzessystematische Einordnung

Einordnung

Die Geschäftsfähigkeit ist geregelt in den **§§ 104–113**.

I. Geschäftsunfähigkeit, §§ 104–105 a

Die **§§ 104, 105 Abs. 1** betreffen die **Geschäftsunfähigkeit**. **§ 105 Abs. 2** erfasst einen Fall, in dem zwar keine Geschäftsunfähigkeit vorliegt, aber die gleiche Rechtsfolge eingreift wie bei der Abgabe einer WE durch einen Geschäftsunfähigen: Nichtigkeit der WE.

Die Regelung des **§ 105 a** ermöglicht es **volljährigen Geschäftsunfähigen**, in begrenztem Umfang am Rechtsverkehr teilzunehmen. **Voraussetzungen** des § 105 a sind, dass ein **volljähriger Geschäftsunfähiger** ein **Geschäft des täglichen Lebens** tätigt, das **mit geringwertigen Mitteln bewirkt** werden kann, **Leistung und Gegenleistung bewirkt sind** und **kein Fall des § 105 a S. 2** (erhebliche Gefahr für die Person oder das Vermögen des Geschäftsunfähigen) vorliegt. **Rechtsfolge** ist, dass der **schuldrechtliche Vertrag als wirksam fingiert** wird (d.h. eine Rückforderung nach § 812 Abs. 1 S. 1 Alt. 1 ausgeschlossen ist). Das **dingliche Rechtsgeschäft**, das der Geschäftsunfähige vornimmt, ist **wirksam**. **Umstritten** ist, ob dem Geschäftsunfähigen auch **Sekundäransprüche (insbesondere Gewährleistungsrechte)** zustehen.

II. Beschränkte Geschäftsfähigkeit, §§ 106–113

§§ 106–113 betreffen die **beschränkte Geschäftsfähigkeit**. Diese Vorschriften gelten für Minderjährige, die das siebente Lebensjahr vollendet haben, vgl. **§ 106**. Wer Volljähriger ist, regelt **§ 2**. Dies sind solche Personen, die das achtzehnte Lebensjahr vollendet haben.

Beschränkt geschäftsfähig ist somit gemäß §§ 106, 2 der 7–17-Jährige! !

Ferner sind noch die Vorschriften der gesetzlichen Vertretung Minderjähriger wichtig. Die gesetzliche Vertretung des Kindes, die in § 1629 geregelt ist, ist Teil der elterlichen Sorge, vgl. dazu § 1626.

Themabeschränkung

Die folgende Darstellung **beschränkt** sich im Wesentlichen auf das **klausurrelevante** Thema des Schutzes des beschränkt geschäftsfähigen Minderjährigen (§§ 106 ff.) beim Abschluss von Verträgen.

Der Einfachheit halber wird dabei der „beschränkt geschäftsfähige Minderjährige" im Folgenden nur noch als „der **Minderjährige**" bezeichnet.

C. Prüfungsstandort im Grundschema

Die Geschäftsfähigkeit wird in der Regel im Prüfungspunkt „Anspruch **entstanden**" relevant werden, wenn z.B. ein Minderjähriger sich mit einem anderen geeinigt hat und es darum geht, ob ein wirksamer Vertrag vorliegt. Die fehlende Geschäftsfähigkeit ist eine rechtshindernde Einwendung (vgl. § 105 Abs. 1 und §§ 108 Abs. 1, 111).

Aber auch im Prüfungspunkt „Anspruch **erloschen**" kann die Geschäftsfähigkeit eine Rolle spielen. Wenn ein beschränkt Geschäftsfähiger z.B. eine Anfechtungserklärung abgegeben hat, kann fraglich sein, ob diese wirksam ist.

D. Die Regelungen im Einzelnen

I. Teilnahme Minderjähriger am Rechtsverkehr

Rechtlich vorteilhafte und neutrale Geschäfte

Die beschränkt geschäftsfähigen Minderjährigen können gemäß § 1629 Abs. 1 durch ihre Eltern als gesetzliche Vertreter vertreten werden. Daneben können sie aber auch in gewissem Umfang selbst am Rechtsverkehr teilnehmen. WEen, durch die der Minderjährige lediglich einen rechtlichen Vorteil erlangt (vgl. § 107), und rechtlich neutrale WEen sind von vornherein wirksam.

II. Rechtlich nachteilige Geschäfte

Einwilligung bei rechtlichen Nachteilen erforderlich

Bei **rechtlich nachteiligen WEen** müssen die Eltern **einwilligen**, d.h. vorher zustimmen, vgl. **§§ 107, 182, 183**. Liegt die nach § 107 erforderliche Einwilligung nicht vor, so ist **zu differenzieren**, ob der Minderjährige einen **Vertrag** geschlossen oder ob er ein **einseitiges Rechtsgeschäft** vorgenommen hat.

1. Verträge

Nachträgliche Zustimmung (Genehmigung)

Rechtlich nachteilige **Verträge**, die der Minderjährige ohne Einwilligung schließt, bedürfen der **Genehmigung**, d.h. der nachträglichen Zustimmung, vgl. §§ **108**, 182, 184.

! *Diese Rechtsfolge nennt man **„schwebende Unwirksamkeit“**, was bedeutet, dass der Vertrag unwirksam ist, aber durch Genehmigung noch wirksam werden kann.*

2. Einseitige Geschäfte

Nachteilige einseitige Geschäfte ohne Einwilligung unwirksam

Rechtlich nachteilige **einseitige Rechtsgeschäfte** können nur mit Einwilligung der Eltern vorgenommen werden, vgl. **§ 111**. Andernfalls sind sie **unwirksam**. Beispiele hierfür sind etwa Anfechtung, Kündigung, Rücktritt oder Widerruf durch den Minderjährigen.

! ***Rechtssicherheit** kann keinen Schwebezustand vertragen. Der Adressat muss wissen, ob die Kündigung wirksam ist oder nicht.*

E. Klausurrelevante Probleme

! *Die vorangegangenen Ausführungen machen bereits deutlich, dass bei Beteiligung eines Minderjährigen an Rechtsgeschäften grundsätzlich **zwischen zustimmungsfreien und zustimmungsbedürftigen Rechtsgeschäften zu unterscheiden** ist. Daneben sind für Prüfungen vor allem aber auch die **Sonderregelungen der §§ 110, 112, 113 und das Institut des beschränkten Generalkonsenses** zu beachten.*

Schließt ein beschränkt geschäftsfähiger Minderjähriger einen Vertrag, so sollten Sie in **zwei Schritten** vorgehen:

Aufbauschritte

- Zunächst prüfen Sie, ob eine Einigung mit dem Minderjährigen vorliegt.
- Danach untersuchen Sie, ob die Einigung wirksam ist. Dabei ist wie folgt zu differenzieren:

I. Zustimmungsfreie und zustimmungsbedürftige Rechtsgeschäfte

1. Rechtlich vorteilhafte und rechtlich neutrale Geschäfte

Der beschränkt geschäftsfähige Minderjährige bedarf zu WEen, durch die er nicht lediglich einen rechtlichen Vorteil erlangt, der Einwilligung (vgl. §§ 182, 183) des gesetzlichen Vertreters (vgl. § 1629), vgl. § 107.

Aus **§ 107** folgt im **Umkehrschluss**, dass WEen, durch die der Minderjährige einen **rechtlichen Vorteil** erlangt, **von vornherein wirksam** sind.

Unproblematisch, wenn nur rechtlicher Vorteil

a) Rechtlich neutrale Geschäfte

Nach dem Wortlaut des § 107 („rechtlicher **Vorteil**“) müssten rechtlich **neutrale** Willenserklärungen zustimmungsbedürftig sein. Rechtlich neutrale WEen sind solche, die sich nur für bzw. gegen Dritte auswirken, den Minderjährigen aber nicht verpflichten. Beispiele dafür sind Willenserklärungen, die der Minderjährige als Vertreter eines anderen abgibt (§ 164).

§ 107 soll den Minderjährigen schützen, ihm dürfen keine rechtlichen Nachteile durch seine rechtsgeschäftliche Teilnahme am Rechtsverkehr entstehen. Bei der **Abgabe rechtlich neutraler WEen** droht ihm aber kein Nachteil, deshalb kann der Minderjährige solche WEen **auch ohne Einwilligung** wirksam abgeben (teleologische Reduktion des § 107). Für den Fall der Stellvertretung stellt dies **§ 165** ausdrücklich klar. **§ 179 Abs. 3 S. 2** zeigt auch, dass dem Minderjährigen selbst bei Fehlen der Vertretungsmacht kein Nachteil entsteht; er unterliegt grundsätzlich nicht der Haftung aus § 179, außer wenn er mit Zustimmung des gesetzlichen Vertreters gehandelt hat.

§ 107 gilt auch bei neutralen Geschäften

b) Begriff des rechtlichen Nachteils

Auch wenn der Wortlaut des § 107, wie soeben dargestellt, auf rechtliche **Nachteile** zu beschränken ist, muss nach allgemeiner Ansicht eine **weitere Einschränkung des Wortlauts dieser Vorschrift** erfolgen, da ansonsten auch jeder noch so geringfügige Nachteil mit zu berücksichtigen wäre, was zur Folge hätte, dass der Minderjährige praktisch kein Rechtsgeschäft allein abschließen könnte.

Erforderlichkeit einer weiteren Einschränkung des Wortlauts des § 107

Bislang h.M.: mittelbare Nachteile nicht zu berücksichtigen

- Nach **bislang h.M.** war daher nur auf die **unmittelbaren** Rechtsfolgen der Rechtsgeschäfte abzustellen. Die **mittelbaren** Rechtsfolgen, die nur als weitere Folge der Willenserklärung eintreten (z.B. Vertragskosten, steuerrechtliche Folgen, Polizeipflichtigkeit bzgl. der Sache und öffentliche Abgaben), waren hiernach im Rahmen des § 107 nicht zu berücksichtigen.

BGH: unbeachtlich sind Rechtsnachteile, die Minderjährige typischerweise nicht gefährden

Nach der neueren Rspr. des **BGH** erscheint diese Differenzierung nach unmittelbaren und mittelbaren Nachteilen jedoch als nicht sachgerecht, da es für die Frage der Gefährdung des Vermögens Minderjähriger keinen Unterschied mache, ob der Eintritt eines Rechtsnachteils von den Parteien vereinbart wurde oder zwar von den Parteien nicht gewollt, aber vom Gesetz als Folge des Rechtsgeschäfts angeordnet wird. Nach dem BGH ist daher **§ 107** in der Weise **einschränkend auszulegen**, dass von seinem Anwendungsbereich **bestimmte Rechtsnachteile nicht erfasst** werden, **die nach ihrer abstrakten Natur typischerweise keine Gefährdung des Minderjährigen mit sich bringen**. Dies ist nach der Rspr. des BGH etwa bei der Verpflichtung des Minderjährigen, die laufenden öffentlichen Lasten zu tragen, der Fall.

!

Da die oben als „mittelbare Nachteile" i.S.d. früher h.M. bezeichneten Vertragskosten, steuerrechtlichen Folgen und die Polizeipflichtigkeit wohl als weitere Fälle i.S.d. neueren Rspr. des BGH angesehen werden können, wird diese Rspr. insoweit keine Abweichung gegenüber der bisherigen h.M. ergeben!

Wirtschaftlicher Vorteil nicht entscheidend

- Zu beachten ist darüber hinaus, dass bei der Beurteilung der Frage, ob ein rechtlicher Vorteil bzw. Nachteil vorliegt, nach h.M. die **wirtschaftliche** Vorteilhaftigkeit außer Betracht bleiben muss.

c) Gesamtbetrachtung von Verpflichtungs- und Verfügungsgeschäft?

Keine Gesamtbetrachtung von Verpflichtungs- und Verfügungsgeschäft

Nach der **früheren Rspr. des BGH** konnte bei der Beurteilung der Frage, ob ein Rechtsgeschäft i.S.d. § 107 rechtlich vorteilhaft ist, in Ausnahmefällen eine Gesamtbetrachtung von Verpflichtungs- und Verfügungsgeschäft erfolgen. Dies wurde insbesondere im Fall der Schenkung eines belasteten Grundstücks an den Minderjährigen durch seine Eltern angenommen. In der **Lit.** wurde diese Rspr. mit der Begründung abgelehnt, dass die Gesamtbetrachtung die Wirksamkeit des schuldrechtlichen Verpflichtungsgeschäfts von der Wirksamkeit des Erfüllungsgeschäfts abhängig macht und daher das **Trennungs- und Abstraktionsprinzip verletzt** wird. In **neueren Entscheidungen** hat der **BGH** zunächst offen gelassen, ob er an der Gesamtbetrachtung länger festhalten will, sodann aber keine Gesamtbetrachtung mehr vorgenommen.

Hieraus wird in der Lit. gefolgert, dass der BGH die Gesamtbetrachtungslehre aufgegeben hat. !

Somit sind nunmehr auch nach der Rspr. das schuldrechtliche (z.B. die Schenkung) und das dingliche Rechtsgeschäft (z.B. die Auflassung gemäß §§ 873, 925) entsprechend dem Trennungs- und Abstraktionsprinzip getrennt voneinander auf ihre Wirksamkeit im Hinblick auf § 107 zu untersuchen.

Dieses klassische Problem im Zusammenhang mit § 107 muss nicht zuletzt aufgrund der oben skizzierten Entwicklung in der Rspr. des BGH bis zum Examen beherrscht werden. Im Anfangssemester wäre ein derartiges Problem jedoch wohl zu komplex. Vermerken Sie sich dieses Problem aber in Ihrem Lernplan und nehmen Sie das zum Anlass, das Gebiet des Minderjährigenrechts zu rekapitulieren! !

d) Rechtsfolge des Fehlens der erforderlichen Einwilligung

Rechtsfolge, falls bei Verträgen die erforderliche Einwilligung fehlt: schwebende Unwirksamkeit

Schließt der Minderjährige einen Vertrag ohne die nach § 107 erforderliche Einwilligung des gesetzlichen Vertreters ab, so ist der Vertrag zunächst schwebend unwirksam, kann aber **nach § 108 Abs. 1 durch Genehmigung** (§ 184) des gesetzlichen Vertreters (das sind nach § 1629 in der Regel die Eltern) **wirksam werden**. Wird der **Minderjährige volljährig**, so kann er den Vertrag **nach § 108 Abs. 3 selbst genehmigen** und damit wirksam machen.

Beispiel 1 zu § 107 (einseitig verpflichtender Vertrag): Onkel O bietet seinem minderjährigen Neffen M an, ihm seine Digitalkamera zu schenken. M ist einverstanden und O händigt ihm die Kamera sogleich aus. Sind die zwischen O und M geschlossenen Verträge wirksam?

! *Beachten Sie hier das* ***Abstraktionsprinzip****! Es ist zu trennen zwischen dem (schuldrechtlichen) Schenkungsvertrag (§ 516) und dem (sachenrechtlichen) Übereignungsvertrag gemäß § 929 S. 1.*

Da M minderjährig und in der Geschäftsfähigkeit beschränkt ist, vgl. §§ 2, 106, ist fraglich, ob er wirksam die Annahme des Angebots des O auf Abschluss des Schenkungsvertrages und des Übereignungsvertrages erklären konnte. Dies ist aber zu bejahen, da M durch beide Verträge nur rechtliche Vorteile erlangt und somit seine Eltern nicht gemäß § 107 einwilligen mussten.

Gemäß § 518 Abs. 1 S. 1 muss ein Schenkungsvertrag notariell beurkundet (vgl. dazu § 128) werden, um wirksam zu sein. Wird diese vorgeschriebene Form nicht beachtet, so ist der Vertrag nach § 125 wegen Formmangels grundsätzlich nichtig. § 518 Abs. 2 sieht aber eine „Heilung" des Formmangels vor, wenn die versprochene Leistung bewirkt wird. In diesem Fall (so genannte „Handschenkung") ist der Vertrag wirksam. Im Beispiel hat O die Leistung bewirkt, der Schenkungsvertrag ist somit wirksam.

Beispiel 2 zu § 107 (unvollkommen zweiseitig verpflichtender Vertrag): Onkel O bietet dem minderjährigen M an, ihm seine Digitalkamera (Wert: 1.000 €) für einen Abend auszuleihen. M ist einverstanden. Ist der Leihvertrag wirksam?

Der Leihvertrag ist in den §§ 598–606 geregelt (diese Vorschriften müssen Sie sich hierfür nicht in allen Einzelheiten durchlesen, wichtig sind hier nur § 598 und § 604). Der **Leihvertrag** stellt einen sogenannten **unvollkommen zweiseitig verpflichtenden Vertrag** dar, d.h. es bestehen zwar auf beiden Seiten Verpflichtungen, die aber unterschiedlich gewichtet sind. Der Verleiher hat die „gewichtigere" Pflicht, dem Entleiher den Gebrauch der Sache unentgeltlich zu gestatten, vgl. § 598. Der Entleiher hat demgegenüber nur die Pflicht, die Sache gemäß § 604 Abs. 1 nach dem Ablauf der für die Leihe bestimmten Zeit zurückzugeben.

M trifft als Entleiher durch den Abschluss des Leihvertrages eine – wenn auch untergeordnete – Pflicht zur Rückgabe aus § 604 Abs. 1. Er erlangt durch die Abgabe der WE somit einen **rechtlichen Nachteil, § 107**. Die Bedeutung dieses Nachteils wird Ihnen klar sein, wenn M die Kamera verliert. In diesem Fall schuldet er dem O nach § 280 Abs. 1 u. 3 i.V.m. § 283 S. 1 Schadensersatz statt der Leistung in Höhe von 1.000 €.

Der Vertrag ist demzufolge **schwebend unwirksam**, er hängt von der Genehmigung des gesetzlichen Vertreters (§ 108 Abs. 1) ab.

Beispiel 3 zu § 107 (gegenseitiger Vertrag): Der 19-jährige S ist in arger Geldverlegenheit. Er bietet seinem 17-jährigen Freund F seine Stereoanlage, die eigentlich 2.500 € wert ist, für 500 € zum Kauf an. F erklärt hocherfreut die Annahme. S übereignet dem F die Stereoanlage. Sind die Verträge wirksam?

I. Kaufvertrag: Hier liegt zwar ein **„wirtschaftlicher"** Vorteil vor; darauf kommt es aber im Rahmen des § 107 nicht an. F erleidet durch die Annahme des Angebots auf Abschluss des Kaufvertrages einen **rechtlichen Nachteil**. Er wäre verpflichtet, den Kaufpreis zu zahlen (vgl. § 433 Abs. 2). Daher bedarf er der Einwilligung des gesetzlichen Vertreters. Diese liegt hier nicht vor. Der zwischen F und S geschlossene **Kaufvertrag** ist **schwebend unwirksam**, er kann gemäß § 108 Abs. 1 durch die Eltern des F genehmigt werden.

II. Übereignungsvertrag: Anders verhält es sich beim **Übereignungsvertrag** hinsichtlich der Stereoanlage (§ 929 S. 1). Da F durch diesen **lediglich einen rechtlichen Vorteil** erlangt – er wird Eigentümer der Stereoanlage –, ist dieser **wirksam**. F ist also Eigentümer der Stereoanlage geworden.

Nach § 812 Abs. 1 S. 1 Alt. 1 muss F aber die Anlage zurückübereignen, falls die Eltern den Kaufvertrag nicht genehmigen. !

2. Die §§ 112, 113

In gewissen Bereichen – aber nur in diesen Bereichen – kann der Minderjährige **unbeschränkt** geschäftsfähig sein.

Ermächtigung zum Betrieb eines Erwerbsgeschäfts

So kann der gesetzliche Vertreter den Minderjährigen mit Genehmigung des Familiengerichts ermächtigen, **selbstständig ein Erwerbsgeschäft** zu betreiben, vgl. **§ 112**. Der Minderjährige ist in diesem Fall für solche (aber nur für solche!) Rechtsgeschäfte unbeschränkt geschäftsfähig, die der Betrieb des Erwerbsgeschäfts mit sich bringt. Jedoch ist § 112 Abs. 1 S. 2 zu beachten. Es sind demnach Rechtsgeschäfte ausgenommen, zu denen der gesetzliche Vertreter der Genehmigung des Familiengerichts bedarf. Dies ist in § 1643 geregelt, der auf § 1821 sowie auf einige Fälle des § 1822 verweist.

Arbeitsverträge

Des Weiteren kann der gesetzliche Vertreter gemäß **§ 113** den Minderjährigen ermächtigen, **in Dienst oder Arbeit** zu treten. Der Minderjährige wird dadurch für solche (aber nur für solche!) Rechtsgeschäfte unbeschränkt geschäftsfähig, welche die Eingehung oder Aufhebung eines Dienst- oder Arbeitsverhältnisses der gestatteten Art oder die Erfüllung der sich aus einem solchen Verhältnis ergebenden Verpflichtungen betreffen (vgl. § 113 Abs. 4). Der Minderjährige kann somit im Zweifel – d.h. wenn Anhaltspunkte fehlen – den Arbeitsvertrag kündigen und bei einer neuen, gleichartigen Arbeitsstelle anfangen. Er kann aber nicht eine völlig andersartige Tätigkeit beginnen.

Wie im Fall des § 112 Abs. 1 S. 2 sind gemäß § 113 Abs. 1 S. 2 auch Rechtsgeschäfte ausgenommen, zu denen der gesetzliche Vertreter gemäß § 1643 der Genehmigung des Familiengerichts bedarf.

3. Der beschränkte Generalkonsens

Beschränkter Generalkonsens

Die Einwilligung, die der gesetzliche Vertreter gemäß § 107 erteilt, kann sich **auf ein bestimmtes Rechtsgeschäft**, das der Minderjährige mit der Abgabe seiner WE vornehmen will, beziehen. Sie kann aber auch – als sogenannter **beschränkter Generalkonsens** – einen **bestimmten und abgrenzbaren Kreis von zunächst noch nicht individualisierten Rechtsgeschäften** umfassen.

Beispiel: Die Eltern gestatten dem minderjährigen Sohn, eine Reise zu unternehmen. Hierin kann die Einwilligung der Eltern in die mit der Reise zusammenhängenden Rechtsgeschäfte gesehen werden.

Keine Flucht aus der elterlichen Sorge

Beim beschränkten Generalkonsens ist jedoch zu beachten, dass die Generaleinwilligung nicht so weit gehen darf, dass der Minderjährige ähnlich wie ein unbeschränkt Geschäftsfähiger steht. Dies widerspräche der gesetzlichen Regelung der §§ 106 ff. Der **Generalkonsens** ist daher **eng auszulegen**.

4. „Taschengeld“, § 110

Taschengeld

Unter den Voraussetzungen des § 110 kann ein vom Minderjährigen abgeschlossener Vertrag als von Anfang an wirksam gelten, ohne dass eine ausdrückliche Zustimmung (also weder eine Einwilligung nach § 107 noch eine Genehmigung nach § 108 Abs. 1) vorliegt.

Die Voraussetzungen des § 110 sind folgende:

- Dem Minderjährigen müssen Mittel zu einem bestimmten Zweck oder zur freien Verfügung überlassen worden sein (Hauptanwendungsfall: Taschengeld). Nach **h.M.** ist § 110 eine Form der **konkludenten Einwilligung**. Statt „ohne Zustimmung“ in § 110 ist „ohne **ausdrückliche** Zustimmung“ zu lesen.
- Der Minderjährige muss die vertragsmäßige Leistung mit diesen Mitteln „bewirkt“, und zwar – das müssen Sie sich ebenfalls in Gedanken ergänzen – **vollständig bewirkt haben**. Es muss die gesamte vertragsmäßig geschuldete Leistung tatsächlich erbracht worden sein. Bei Ratenzahlungsverträgen wird der Vertrag erst mit Zahlung der letzten Rate wirksam.
- Es sind auch **hinsichtlich des Verwendungszwecks Einschränkungen** zu machen. Da § 110 nach h.M. nur ein Sonderfall der Einwilligung ist, ist von Fall zu Fall zu prüfen, ob die Verwendung der Mittel noch vom Verwendungszweck gedeckt ist. So ist es einem 14-Jährigen z.B. nicht gestattet, von seinem Taschengeld Horrorvideos zu kaufen.

II. Vertretungsmacht des gesetzlichen Vertreters

Beschränkungen der Vertretungsmacht des gesetzlichen Vertreters

Der gesetzliche Vertreter kann den Minderjährigen nicht unbeschränkt vertreten. Die Eltern als gesetzliche Vertreter sowie der Vormund können in den Fällen, die in **§ 1795** aufgeführt sind, den Minderjährigen nicht vertreten. **§ 1795** gilt für den **Vormund, § 1629 Abs. 2 verweist** für den **Fall der Eltern als gesetzliche Vertreter auf § 1795**. In diesen Angelegenheiten muss gemäß **§ 1909** ein **Pfleger** bestellt werden.

Des Weiteren bedarf der **Vormund** gemäß **§§ 1821, 1822** für bestimmte Geschäfte der Genehmigung des Familiengerichts. **§ 1643 verweist** für den **Fall der Eltern als gesetzliche Vertreter auf § 1821** sowie auf einige Fälle des **§ 1822**.

III. Der Schutz des Minderjährigen im Deliktsrecht (§§ 823 ff.)

Vergleich mit Vertragshaftung

Für **Verträge** benötigt man, wie Sie gesehen haben, grundsätzlich **Geschäftsfähigkeit**. Dies liegt daran, dass ein Minderjähriger die Tragweite in der Regel nicht übersehen kann. Dies zeigt etwa unser obiges Beispiel 2 zu § 107. Auf den ersten Blick erschien dort die Ausleihe einer Digitalkamera an den Minderjährigen als ein durchaus reizvolles Geschäft. Was der Minderjährige dabei nicht erkennt, ist das hohe Haftungsrisiko im Falle eines Verlustes der Kamera. Zu seinem Schutz braucht er daher bei Rechtsgeschäften die Kontrolle des gesetzlichen Vertreters.

Im Deliktsrecht kommt es auf die Einsichtsfähigkeit an

Um zu wissen, dass man nicht die Fensterscheibe des Nachbarn einwerfen darf, muss man dagegen nicht volljährig sein. Demgemäß regelt das Gesetz, dass zwar ein Geschäftsunfähiger für den von ihm angerichteten Schaden nicht verantwortlich ist (§ 828 Abs. 1), ein beschränkt Geschäftsfähiger nach § 828 Abs. 3 dagegen haftet, wenn er die erforderliche Einsichtsfähigkeit besitzt. Mit der Einführung der **Ausnahmeregelung des § 828 Abs. 2** hat der Gesetzgeber dem Umstand Rechnung getragen, dass Kinder in der Regel erst ab Vollendung des 10. Lebensjahres in der Lage sind, **die besonderen Gefahren des motorisierten Straßenverkehrs zu erkennen und sich den Gefahren entsprechend zu verhalten**.

!

Eigentlich werden Kinder der in § 828 ***Abs. 2*** *geregelten Altersgruppe von der Regelung des § 828* ***Abs. 3*** *erfasst, sodass an sich auf die Einsichtsfähigkeit des Kindes im Einzelfall abzustellen wäre!*

Die Heraufsetzung des deliktsfähigen Alters ist auf Schadensereignisse im **motorisierten** Straßen- oder Bahnverkehr begrenzt. Hierbei wirken sich nämlich die **altersbedingten Defizite eines Kindes, wie z.B. Entfernungen und Geschwindigkeiten nicht richtig einschätzen zu können**, besonders aus (**Überforderungssituation** als **Grund für das gesetzliche Haftungsprivileg**). Nach § 828 Abs. 2 **S. 2** greift dieser Schutz **bei Vorsatz** jedoch **nicht** ein (**Beispiel:** Ein 8-jähriger Junge wirft Steine von einer Brücke auf ein Kfz. In diesem Fall gilt dann die Regelung des § 828 Abs. 3.).

!

Nach der Rspr. des BGH ist die Regelung des § 828 Abs. 2 S. 1 zudem nicht anwendbar, wenn bei der Schädigung keine typische Überforderungssituation des Kindes aufgrund kraftfahrzeugs- oder bahnspezifischer Gefahren gegeben war. Dies wird zum Beispiel etwa dann angenommen, wenn der beschädigte Pkw ordnungsgemäß geparkt war.

1. Wann liegt beschränkte Geschäftsfähigkeit vor?

1. Beschränkt geschäftsfähig ist gemäß § 106 derjenige, der das **siebte Lebensjahr vollendet** hat und **minderjährig** ist (d.h. noch nicht das 18. Lebensjahr vollendet hat, vgl. § 2) – somit der 7–17-Jährige.

2. Was ist die Rechtsfolge, wenn ein beschränkt Geschäftsfähiger ohne die erforderliche Einwilligung seines gesetzlichen Vertreters am Rechtsverkehr teilnimmt?

2. Hier ist **zu unterscheiden**: rechtlich nachteilige **Verträge**, die der Minderjährige ohne die erforderliche Einwilligung schließt, bedürfen der Genehmigung, d.h. der nachträglichen Zustimmung, §§ 108, 184. Rechtlich nachteilige **einseitige Rechtsgeschäfte** sind hingegen in diesem Fall unwirksam, § 111.

3. Sind rechtlich neutrale WEen zustimmungsbedürftig?

3. Entgegen dem Wortlaut des § 107 („rechtlicher **Vorteil**") kann der beschränkt Geschäftsfähige rechtlich neutrale WEen auch ohne Einwilligung des gesetzlichen Vertreters wirksam vornehmen, da ihm hieraus kein Nachteil droht (teleologische Reduktion).

4. Sind im Rahmen des § 107 sämtliche rechtlichen Nachteile zu berücksichtigen?

4. Nach **bislang h.M.** waren **nur unmittelbare, nicht hingegen mittelbare Rechtsfolgen**, die lediglich als weitere Folge des Rechtsgeschäfts eintreten, zu berücksichtigen. Nach **neuerer Rspr. des BGH** ist diese Differenzierung nicht sachgerecht. Allerdings ist auch nach dem BGH § 107 in der Weise **einschränkend auszulegen**, dass solche Rechtsnachteile hiervon nicht erfasst werden, die nach **ihrer abstrakten Natur typischerweise keine Gefährdung des Minderjährigen** mit sich bringen.

5. Was sind die Voraussetzungen des § 110?

5. Dem Minderjährigen müssen **Mittel** zu einem bestimmten Zweck oder zur freien Verfügung **überlassen** worden sein (nach h.M. stellt dies eine konkludente Einwilligung dar). Der Minderjährige muss die vertragsmäßige Leistung mit diesen Mitteln **bewirkt, d.h. vollständig erfüllt** haben (nach h.M. ist allerdings zu prüfen, ob die Verwendung der Mittel noch vom Verwendungszweck gedeckt ist).

6. Wie wird der beschränkt Geschäftsfähige im Deliktsrecht geschützt?

6. Gemäß **§ 828 Abs. 1** ist ein Minderjähriger, der das **7. Lebensjahr noch nicht vollendet** hat, für den von ihm angerichteten Schaden nicht verantwortlich. Minderjährige, die **das 7. Lebensjahr, aber noch nicht das 18. Lebensjahr vollendet** haben, sind verantwortlich, wenn sie die erforderliche Einsichtsfähigkeit besitzen (§ 828 Abs. 3). Eine Ausnahmeregelung trifft **§ 828 Abs. 2** für **Kinder, die das 7. Lebensjahr, aber nicht das 10. Lebensjahr vollendet** haben.

6. Abschnitt: Das formbedürftige Rechtsgeschäft

A. Bedeutung und Funktion

Rechtsgeschäfte sind **grundsätzlich formlos** wirksam. WE bedürfen jedoch dann einer Form, wenn dies **gesetzlich vorgeschrieben oder rechtsgeschäftlich vereinbart** ist.

Verschiedene Formzwecke

Das Formerfordernis kann verschiedenen **Zwecken** dienen:

- **Warn- und Schutzfunktion:** Der Erklärende soll keine übereilten, unüberlegten Erklärungen abgeben (z.B. bei der Bürgschaft, § 766 S. 1).
- **Beweisfunktion:** Der Beweis des Inhalts einer Erklärung soll gesichert sein (z.B. bei Grundstücksübertragungen, § 311 b Abs. 1).
- **Beratungs- und Belehrungsfunktion:** Die Parteien sollen durch notarielle Beurkundung rechtlich beraten und über die Rechtsfolgen des Rechtsgeschäfts belehrt werden (z.B. bei der Schenkung, § 518 Abs. 1).

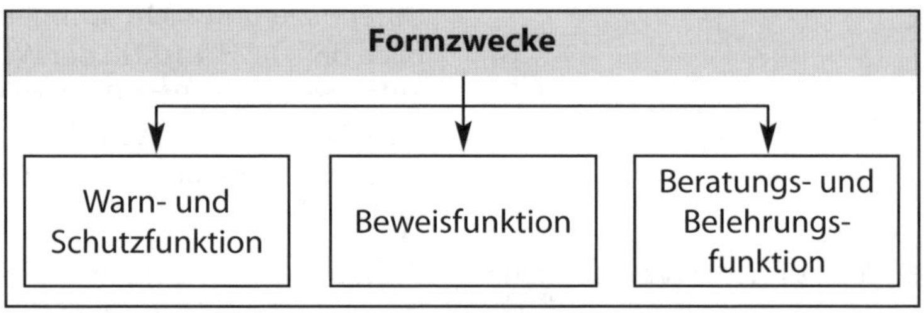

B. Gesetzessystematische Einordnung

Ein Formerfordernis für ein Rechtsgeschäft kann sich entweder aus dem Gesetz (**gesetzliches** Formerfordernis) oder aus einer Parteivereinbarung (**rechtsgeschäftliches** Formerfordernis) ergeben.

I. Arten und Anordnung der gesetzlichen Form

Verschiedene Arten der gesetzlichen Form

Das Gesetz unterscheidet **in §§ 126 – 129 verschiedene Arten** der gesetzlichen Form. Im BGB findet sich die **Anordnung kraft Gesetzes formbedürftiger Rechtsgeschäfte** im **Schuldrecht, Sachenrecht, aber auch Familien- und Erbrecht**:

- **Schriftform, § 126**
  Wichtige Fälle: §§ 766 S. 1, 780, 781, 492 Abs. 1, 550, 1154

- **Elektronische Form, § 126 a**
  Die schriftliche Form kann gemäß § 126 Abs. 3 grundsätzlich durch die elektronische Form ersetzt werden. Ausnahmen gelten jedoch insbesondere gemäß: §§ 623 Hs. 2, 630 S. 3, 766 S. 2, 780 S. 2, 781 S. 2.

- **Textform, § 126 b S. 1**
  Wichtige Fälle: §§ 477 Abs. 2, 555 c Abs. 1 S. 1, 556 a Abs. 2, 558 a Abs. 1

  Der Begriff des „dauerhaften Datenträgers" ist in § 126 b S. 2 neu gefasst worden, hierunter fallen etwa Papier, USB-Stick, CD-Rom, Speicherkarten, Festplatten oder auch E-Mails. An einigen Stellen, im BGB (z.B. in §§ 492 Abs. 5, Abs. 6; 504 Abs. 2 und 505 Abs. 1) ist der Begriff der Textform nunmehr durch den des dauerhaften Datenträgers ersetzt worden. !

- **Notarielle Beurkundung, § 128**
  Wichtige Fälle: §§ 311 b Abs. 1 S. 1, 518 Abs. 1, 1410, 2276

- **Öffentliche Beglaubigung, § 129**
  Wichtige Fälle: §§ 403, 1154 Abs. 1 S. 2

- **Gleichzeitige Anwesenheit**
  Wichtige Fälle: §§ 925 Abs. 1, 1310

- **Eigenhändigkeit**
  Wichtiger Fall: § 2247

II. Einhaltung der gesetzlichen Form

Formwahrung

Zur Wahrung der **gesetzlichen** Schriftform muss gemäß § 126 Abs. 1 die Urkunde eigenhändig unterzeichnet werden. Sie muss den gesamten Inhalt des Rechtsgeschäfts enthalten und es muss sich um eine einzige Urkunde handeln. Besteht kein fester Zusammenhang, reicht es aus, dass sich die Einheit der Urkunde aus anderen Merkmalen zweifelsfrei ergibt. Die **elektronische Form ersetzt die Schriftform, § 126 a**. Zur Wahrung der **vertraglichen** Schriftform reicht gemäß § 127 Abs. 2 auch die telegrafische Übermittlung, bei Verträgen ein Briefwechsel.

Die Wirksamkeitsvoraussetzungen für die **notarielle Beurkundung** ergeben sich aus dem BeurkG und § 128. Die **öffentliche Beglaubigung** gemäß § 129 dient dem Nachweis der Identität des Unterzeichners. Der formell und materiell wirksame **Prozessvergleich** vor einem deutschen Gericht ersetzt neben der notariellen Beurkundung (vgl. **§ 127 a**) auch die öffentliche Beglaubigung (vgl.

§ 129 Abs. 2) sowie die gesetzliche bzw. vereinbarte Schriftform (vgl. **§§ 126 Abs. 4, 127 Abs. 1, 127 a**).

C. Prüfungsstandort im Grundschema

Wird die gesetzliche Form nicht eingehalten, ist das Rechtsgeschäft **gemäß § 125 S. 1 nichtig**.

! *Sonderregelungen für die Anordnung der Nichtigkeitsfolge finden sich beim Verbraucherdarlehensvertrag in § 494 Abs. 1 und für das Teilzahlungsgeschäft in § 507 Abs. 2 S. 1.*

§ 125 als rechtshindernde Einwendung

Die Regelung des § 125 S. 1 ist (ebenso wie auch die eben genannten Sonderregelungen) eine rechtshindernde Einwendung und daher unter „Anspruch **entstanden**" zu prüfen.

! *Nach der Auslegungsregel des § 125 S. 2 hat auch die Nichteinhaltung der **vertraglich vereinbarten** Form im Zweifel die Nichtigkeit zur Folge.*

Allerdings kann kraft Gesetzes eine **Heilung des Formmangels** möglich bzw. kann es **gemäß § 242 unzulässig** sein, sich auf den Formmangel zu berufen (dazu gleich unter D.!). Auch diese klausurrelevanten Probleme sind dann unter „Anspruch entstanden" zu erörtern.

! *Eine Sonderstellung bei den Formvorschriften nimmt der § 550 ein, der bei Wohnraummietverträgen, die länger als für ein Jahr befristet werden, die Schriftform vorschreibt. Denn die Folge bei Nichteinhaltung dieser Form ergibt sich nicht aus § 125 S. 1 (Nichtigkeit), vielmehr ergibt sich aus § 550 S. 1 selbst, dass in diesem Fall der Mietvertrag dennoch wirksam ist, lediglich als unbefristet und damit wieder ordentlich kündbar einzuordnen ist. Diese ordentliche Kündigung ist dann allerdings gemäß § 550 S. 2 erst nach Ablauf eines Jahres nach Überlassung des Wohnraums zulässig.*

D. Klausurrelevante Probleme

I. Heilung des Formmangels

Heilung des Formmangels

Zwar führt grundsätzlich die **Nichteinhaltung der Form gemäß § 125** (bzw. den Sonderregelungen der §§ 494 Abs. 1, 507 Abs. 2 S. 1) zur **Nichtigkeit** des Rechtsgeschäfts. Im **Einzelfall** ist jedoch **kraft Gesetzes** eine **Heilung möglich** (§§ 311 b Abs. 1 S. 2; 494 Abs. 2; 507 Abs. 2 S. 2; 766 S. 3; 518 Abs. 2).

Beispiel: Gemäß **§ 311 b Abs. 1 S. 1** bedarf ein Kaufvertrag über ein Grundstück der notariellen Beurkundung (vgl. § 128). Wird diese Form nicht eingehalten, ist der Vertrag grundsätzlich gemäß § 125 S. 1 nichtig. Gemäß **§ 311 b**

Abs. 1 S. 2 kann jedoch dieser Mangel geheilt werden, wenn der Vertrag dennoch vollzogen wird, d.h. die dingliche Einigung über den Eigentumserwerb (Auflassung, vgl. §§ 873 Abs. 1, 925 Abs. 1) und die Eintragung des Erwerbers im Grundbuch erfolgt ist. Der Kaufvertrag wird dann in vollem Umfang wirksam, da die von § 311 b Abs. 1 S. 1 verfolgte Warn- und Schutzfunktion (s.o.) obsolet geworden ist.

II. Unzulässigkeit, sich auf einen Formmangel zu berufen, § 242

Unzulässigkeit der Berufung auf den Formmangel, § 242

Ist ein Rechtsgeschäft wegen Nichteinhaltung der vorgeschriebenen Form an sich nichtig, kann es jedoch ausnahmsweise **gemäß § 242 unzulässig sein, sich auf den Formmangel zu berufen**.

Diese Durchbrechung des Formzwangs wird jedoch auf eng begrenzte **Ausnahmefälle** beschränkt, in denen die Nichtigkeit zu einem **schlechthin untragbaren Ergebnis** führen würde. Dies ist insbesondere in **zwei Fallgruppen** anerkannt:

- bei **Existenzvernichtung oder -gefährdung einer Partei** bzw.
- bei einer **besonders schweren Treuepflichtverletzung des anderen Teils**.

Bei der letzteren Fallgruppe ist zu unterscheiden:

- Eine Partei, die **vorsätzlich** den formgerechten Abschluss des Vertrages verhindert, um beim anderen den Eindruck der Wirksamkeit dieses Rechtsgeschäfts zu erwecken, kann sich gemäß § 242 wegen eines schweren Treueverstoßes nicht auf den Formmangel berufen.
- Hält man hingegen jemanden lediglich **fahrlässig** vom formgerechten Vertragsschluss ab, ist der Vertrag nichtig, kommt aber ein Anspruch aus §§ 280 Abs. 1, 311 Abs. 2, 241 Abs. 2 (c.i.c.) in Betracht.

III. Falschbeurkundung des Kaufpreises beim Grundstückskauf

Falsch beurkundeter Grundstückskaufpreis

Ein häufiges Klausurthema ist das **Problem des falsch beurkundeten Kaufpreises bei einem Grundstückskauf**.

Beispiel: K hat Interesse am Grundstück des V. Um Notarkosten zu sparen, schließen sie einen notariellen Kaufvertrag zum Kaufpreis von 100.000 € ab. Mündlich vereinbaren sie einen Kaufpreis von 200.000 €.

Hier ist **zu unterscheiden**: Der **notarielle beurkundete** Kaufvertrag mit dem unrichtigen Kaufpreis ist als Scheingeschäft gemäß § 117 Abs. 1 nichtig. Die **verdeckte mündliche** Absprache ist mangels Beurkundung gemäß §§ 117

Abs. 2, 311 b Abs. 1 S. 1, 125 S. 1 nichtig, kann aber gemäß § 311 b Abs. 1 S. 2 geheilt werden.

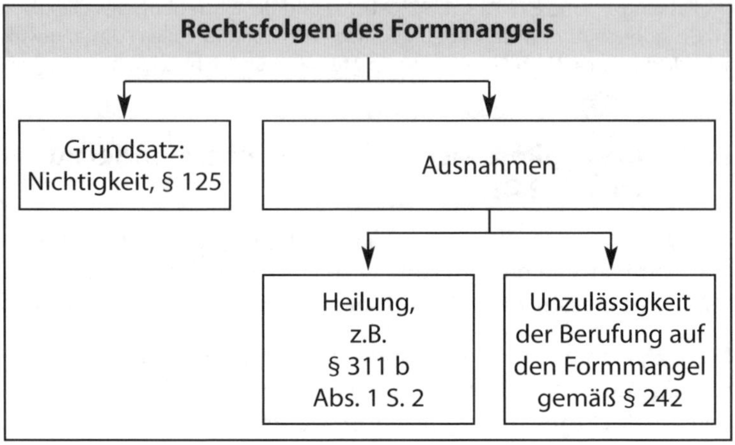

7. Abschnitt: Die Nichtigkeit des Rechtsgeschäfts gemäß §§ 134 und 138

A. Bedeutung und Funktion

Die Privatautonomie gilt nicht ohne Einschränkungen. So sollen Rechtsgeschäfte, die gesetzlich verboten sind, unter Ausübung wirtschaftlicher Macht zustande kommen oder sittenwidrig sind, nicht wirksam sein. Dies ordnen §§ 134, 138 Abs. 1 und 2 an.

B. Gesetzessystematische Einordnung und Prüfungsstandort im Grundschema

§ 134 und § 138 als rechtshindernde Einwendungen

Nach **§ 134** ist ein Rechtsgeschäft, das gegen ein gesetzliches Verbot verstößt, nichtig, wenn sich nicht aus dem (Verbots-)Gesetz ein anderes ergibt. Gemäß **§ 138 Abs. 2** ist ein wucherisches, nach **§ 138 Abs. 1** ein sittenwidriges Geschäft nichtig.

Bei §§ 134, 138 handelt es sich um rechtshindernde Einwendungen, welche im Grundschema unter „Anspruch **entstanden**" zu prüfen sind.

!

Konkurrenzen der Normen: *Im Verhältnis zu § 138 Abs. 1 ist § 134 vorrangig; § 138 Abs. 2 ist neben § 134 anwendbar. § 138 Abs. 2 ist ein Sonderfall der allgemeinen Sittenwidrigkeit gemäß § 138 Abs. 1, sodass in dem Fall, in dem das Vorliegen von Wucher in Betracht kommt, mit der Prüfung des § 138 Abs. 2 zu beginnen ist. Ist Wucher zu verneinen, kann das Rechtsgeschäft allerdings noch gemäß § 138 Abs. 1 nichtig sein.*

C. Die Regelungen im Einzelnen

I. Der Gesetzesverstoß gemäß § 134

Aufbauschema zu § 134
1. Vorliegen eines Verbotsgesetzes
2. Verstoß gegen das Verbotsgesetz
3. Rechtsfolge

Einzelheiten zum Prüfungsschema des § 134

Erläuterung der Prüfungsschritte bei § 134

1. Verbotsgesetze sind alle Rechtsnormen (Art. 2 EGBGB – d.h. nicht nur Gesetze im formellen Sinne, sondern auch Rechtsverordnungen und Gewohnheitsrecht), die sich **gegen die Vornahme eines Rechtsgeschäfts richten**.

Merksatz: *Die Parteien können das Rechtsgeschäft zwar vornehmen, dürfen es aber nicht!* !

Beispiel: § 1 Abs. 2 SchwarzArbG

Keine Verbotsgesetze sind die Rechtsnormen, die die **Anordnung der zivilrechtlichen Nichtigkeit selbst** enthalten (z.B. § 399) oder **lediglich die rechtsgeschäftliche Dispositions- und Gestaltungsfreiheit beschränken**, nicht aber das Rechtsgeschäft selbst verbieten (z.B. § 1365)!

Begründung: *Bei solchen Normen ist **nicht** das **rechtliche Dürfen**, sondern **bereits das rechtliche Können** beschränkt!* !

2. Das Rechtsgeschäft muss gegen das Verbotsgesetz **verstoßen**.

Für einen Verstoß gegen das Verbotsgesetz genügt grundsätzlich, dass der **objektive Tatbestand** des Gesetzes erfüllt ist. Auch wenn das Verbotsgesetz zugleich ein **Strafgesetz** ist, ist die Verwirklichung des subjektiven Tatbestands nur für die speziellen Folgen (z.B. Strafe) erforderlich.

Beispiel: Wird im Fall der Abtretung (§ 398) einer ärztlichen Honorarforderung die ärztliche Schweigepflicht verletzt, reicht für die Nichtigkeit der Abtretung gemäß § 134 aus, dass der objektive Tatbestand des § 203 StGB erfüllt ist.

In den Anwendungsbereich des § 134 fallen nicht nur Rechtsgeschäfte, die unmittelbar gegen das Verbotsgesetz verstoßen, sondern auch **Umgehungsgeschäfte**. Ein Umgehungsgeschäft liegt vor, wenn ein Rechtsgeschäft zwar nicht gegen ein gesetzliches

Verbot verstößt, aber so konzipiert ist, dass im Ergebnis ein widerrechtlicher Erfolg eintritt.

3. Rechtsfolge des Verstoßes: Nichtigkeit, „wenn sich nicht aus dem Verbotsgesetz ein anderes ergibt“

Entscheidend ist, ob das Gesetz sich nicht nur gegen den Abschluss des Rechtsgeschäfts wendet, sondern auch **gegen seine privatrechtliche Wirksamkeit** und damit gegen den wirtschaftlichen Erfolg!

Insoweit ist zu **differenzieren**:

Unterscheidung zwischen einseitigem und beiderseitigem Gesetzesverstoß

Beiderseitiger Verstoß führt **grundsätzlich zur Nichtigkeit**, es sei denn, Sinn und Zweck des Gesetzes erfordern dies nicht, weil andere Sanktionsmöglichkeiten (z.B. Verhängung einer Strafe, Bußgeld oder Schadensersatz) bestehen.

Bei einem **einseitigen Gesetzesverstoß** ist das Rechtsgeschäft **grundsätzlich wirksam**, es sei denn, Sinn und Zweck des Gesetzes ist nur durch die Nichtigkeitsanordnung zu erreichen.

Beispiel: Liegt bei einer sogenannten **„Ohne-Rechnung-Abrede“** ein **beiderseitiger** Verstoß des Werkunternehmers und des Bestellers gegen § 1 Abs. 2 Nr. 2 SchwarzArbG vor, ist der Werkvertrag grundsätzlich gemäß § 134 nichtig. Selbst ein **einseitiger** Verstoß des Werkunternehmers führt nach der Rspr. des BGH jedoch zur Nichtigkeit, wenn der Besteller den Gesetzesverstoß des Unternehmers kennt und diesen bewusst zu seinem eigenen Vorteil ausnutzt.

Die Nichtigkeit bezieht sich **grundsätzlich** nur auf das **schuldrechtliche Verpflichtungs**geschäft. **Ausnahmsweise** kann aber die Nichtigkeit des **Verpflichtungs**geschäfts auch die Nichtigkeit des **Verfügungs**geschäfts zur Folge haben, **wenn gerade die Vermögensverschiebung als solche verhindert** werden soll.

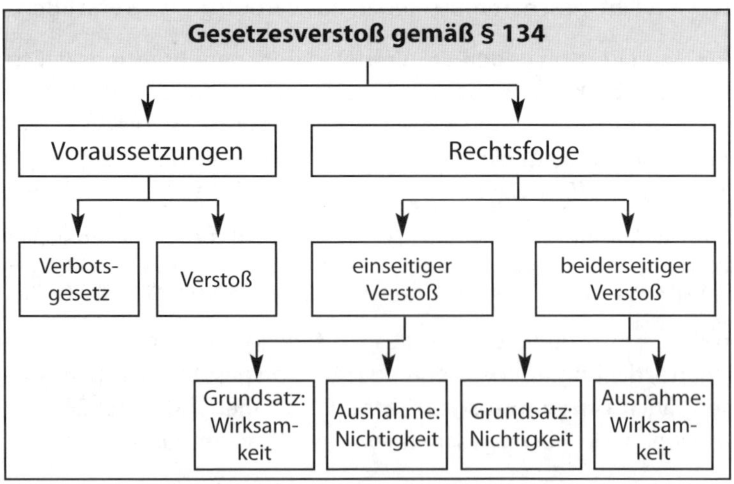

II. Die Nichtigkeit gemäß § 138

1. Nichtigkeit gemäß § 138 Abs. 2 (Wucher)

Prüfungsschema zu § 138 Abs. 2

Prüfungsschema zu § 138 Abs. 2

a) Objektiver Tatbestand

Erforderlich ist ein **auffälliges Missverhältnis** von Leistung und Gegenleistung.

Beispiel: Dies ist bei Kreditverträgen in der Regel zu bejahen, wenn der ausbedungene Zinssatz doppelt so hoch ist wie der marktübliche Zins oder diesen um 12%-Punkte übersteigt.

b) Subjektiver Tatbestand

Erforderlich ist die **Ausbeutung** von

- **Zwangslage** (zwingendes Bedürfnis nach der vom Wucherer versprochenen Leistung)
- **Unerfahrenheit** (Mangel an Lebens- und Geschäftserfahrung, insbesondere bei Jugendlichen)
- **Mangelndem Urteilsvermögen** (der Betroffene ist im konkreten Fall nicht in der Lage, die beiderseitigen Leistungen richtig zu bewerten)
- **Erheblicher Willensschwäche** (der Betroffene ist wegen verminderter psychischer Widerstandsfähigkeit nicht in der Lage, die zutreffende Beurteilung des Geschäfts in die Tat umzusetzen, z.B. infolge Alkoholabhängigkeit)

An die subjektiven Voraussetzungen des § 138 Abs. 2 sind hohe Anforderungen zu stellen, sodass § 138 Abs. 2 bei Darlehensverträgen, bei denen das Doppelte des marktüblichen Zinses (= „auffälliges Missverhältnis") nur selten vorliegt. Diese Fälle können jedoch über § 138 ***Abs. 1*** *erfasst werden (sogenannte „****wucherähnliche*** *Geschäfte").* !

c) Rechtsfolge

Grundsätzlich tritt **Gesamtnichtigkeit** des Rechtsgeschäfts ein.

Im Falle des Vorliegens von Wucher kann sich diese Nichtigkeitsfolge für das Rechtsgeschäft neben der Regelung des § 138 Abs. 2 auch aus § 134 i.V.m. § 291 StGB ergeben. Nach wohl h.M. hat jedoch die Regelung des § 138 Abs. 2 insoweit Vorrang, sodass das Wuchergeschäft hiernach und nicht nach § 134 i.V.m. § 291 StGB nichtig ist. !

Ausnahmsweise *anders ist dies beim* ***Mietwucher****, weil die Gesamtnichtigkeit nicht den Schutzinteressen des betroffenen Mieters entsprechen würde. Hier ist dann umstritten, ob der Mietvertrag mit der höchstzulässigen Miete oder mit der ortsüblichen Vergleichsmiete aufrecht zu erhalten ist.*

Aus der Formulierung „oder gewähren lässt" in § 138 Abs. 2 folgt, dass nicht nur das **Verpflichtungs-**, sondern auch (anders als bei § 134) das **Verfügungsgeschäft des Bewucherten nichtig** ist.

! *Das Verfügungsgeschäft des Wucherers ist hingegen wirksam!*

In der Folge können sich Rückforderungsansprüche des Bewucherten aus §§ 985, 817 S. 1, 812 bzw. solche des Wucherers aus § 812 Abs. 1 S. 1 Fall 1 (beachte aber den Ausschluss gemäß § 817 S. 2!) ergeben.

2. Nichtigkeit gemäß § 138 Abs. 1 (Sittenwidrigkeit)

a) Definition: Ein Rechtsgeschäft verstößt gegen die guten Sitten, wenn dadurch das **Anstandsgefühl aller billig und gerecht Denkenden** verletzt wird.

Prüfungsschema zu § 138 Abs. 1

b) Prüfungsschema zu § 138 Abs. 1

aa) Objektiver Tatbestand: Vorliegen eines Sittenverstoßes

Die Sittenwidrigkeit ergibt sich aus einer **Gesamtwürdigung des Rechtsgeschäfts** anhand seines Inhalts, Motivs und Zwecks.

bb) Subjektiver Tatbestand: Kenntnis der sittenwidrig handelnden Partei von den Umständen, die die Sittenwidrigkeit begründen.

! *Dies ist ein* ***ungeschriebenes*** *TB-Merkmal des § 138 Abs. 1!*

Bei massiver Verwirklichung des objektiven Tatbestandes wird das Vorliegen einer zumindest grob fahrlässigen Unkenntnis **vermutet**.

cc) Rechtsfolge

Der Verstoß gegen § 138 Abs. 1 führt grundsätzlich zur Nichtigkeit des gesamten Rechtsgeschäfts.

D. Klausurrelevante Probleme

Typische klausurrelevante Fallgruppen

In Klausuren werden häufig Fallgruppen des § 138 Abs. 1 abgeprüft. **Typische Fallgruppen** sind hierbei:

- **Wucherähnliche Geschäfte**

Ein Darlehensvertrag mit überhöhten Zinsen ist häufig deshalb nicht gemäß § 138 Abs. 2 wucherisch, weil das subjektive Merkmal der Ausbeutung der in § 138 Abs. 2 genannten Umstände nicht feststellbar ist. Nach den Grundsätzen über wucherähnliche Geschäfte ist jedoch ein Kreditvertrag sittenwidrig i.S.d. § 138 Abs. 1, wenn ein auffälliges Missverhältnis zwischen Leistung und Gegenleistung vorliegt und der Kreditgeber mit verwerflicher Gesinnung handelte, insbesondere wenn er die schwächere Lage des anderen Teils bewusst zu seinem Vorteil ausnutzt oder sich leichtfertig der Erkenntnis verschließt, dass der Kreditnehmer nur wegen seiner schwächeren Position den Vertrag abschließt. Bei einem besonders groben Missverhältnis (in der Regel: wenn der vereinbarte Zinssatz doppelt so hoch ist wie der Marktzins!) besteht eine tatsächliche Vermutung für ein Handeln aus verwerflicher Gesinnung.

Beachte aber: Nach aktueller Rspr. des BGH rechtfertigt jedoch bei einer Internetauktion ein (objektiv) grobes Missverhältnis zwischen dem Maximalgebot eines Bieters und dem (angenommenen) Wert des Versteigerungsobjekts nicht ohne Weiteres den Schluss auf eine (subjektiv) verwerfliche Gesinnung des Bieters i.S.d. § 138 Abs. 1.

- **Krasse finanzielle Überforderung bei einer Bürgschaft**

  Beispiel: Bei einem Bürgschaftsvertrag (§ 765) liegt nach der Rspr. eine Sittenwidrigkeit gemäß § 138 Abs. 1 vor, wenn der Bürge hierdurch **finanziell krass überfordert** ist **und weitere belastende Umstände** (z.B. die Beeinträchtigung der Entscheidungsfreiheit des Bürgen durch den Gläubiger oder den Schuldner und das Vorliegen einer besonderen emotionalen Verbundenheit zwischen Schuldner und Bürgen) vorliegen.

- **Knebelung eines Sicherungsgebers oder anfängliche Übersicherung**

  Beispiel: Überträgt ein Schuldner zur Absicherung einer gegen ihn gerichteten Forderung seines Gläubigers (z.B. aus § 433 Abs. 2 oder § 488 Abs. 1 S. 2) Eigentum an beweglichen Sachen (gemäß § 929) oder tritt er eigene Forderungen gegen Drittschuldner (gemäß § 398) ab, kann dieses Sicherungsgeschäft sittenwidrig sein, wenn es hierbei zu einer **Knebelung** des Sicherungsgebers kommt oder eine **anfängliche Übersicherung** vorliegt. Hier besteht nämlich die Gefahr, dass andere Gläubiger dieses Schuldners benachteiligt werden.

Check zum 6. und 7. Abschnitt

1. Wann müssen Rechtsgeschäfte eine Form einhalten?

1. Grundsätzlich sind Rechtsgeschäfte formlos wirksam. WEen bedürfen jedoch dann einer Form, wenn dies **gesetzlich vorgeschrieben oder rechtsgeschäftlich vereinbart** ist.

2. Welchen Zwecken können Formvorschriften dienen?

2. Warn- und Schutzfunktion (z.B. § 766 S. 1), **Beweis**funktion (z.B. § 311 b Abs. 1) sowie **Beratungs- und Belehrung**sfunktion.

3. Welche Rechtsfolge tritt grundsätzlich ein, wenn die gesetzliche Form nicht eingehalten ist?

3. Wird die gesetzliche Form nicht eingehalten, ist das Rechtsgeschäft gemäß § 125 S. 1 nichtig.

4. Wann tritt ausnahmsweise trotz Nichteinhaltung der gesetzlich vorgeschriebenen Form keine Nichtigkeit ein?

4. Ausnahmsweise kann ein Rechtsgeschäft trotz Formmangels wirksam sein, wenn eine **Heilung des Formmangels** eingetreten ist (z.B. § 311 b Abs. 1 S. 2) oder die **Berufung auf den Formmangel gegen § 242 verstößt**.

5. Wie ist die Regelung des § 134 einzuordnen und wie lautet das Prüfungsschema?

5. § 134 ist eine **rechtshindernde** Einwendung und daher unter „Anspruch entstanden" zu prüfen. Die **Prüfungsfolge** bei § 134 ist: I. Verbotsgesetz, II. Verstoß, III. Rechtsfolge.

6. Was ist im Hinblick auf die Rechtsfolge bei einem Verstoß gegen ein Verbotsgesetz zu beachten?

6. Gemäß § 134 tritt **Nichtigkeit** des Rechtsgeschäfts ein, soweit sich nicht aus dem Verbotsgesetz **ein anderes** ergibt. Insoweit ist danach zu unterscheiden, ob ein **beiderseitiger oder nur ein einseitiger** Verstoß gegen das Verbotsgesetz vorliegt.

7. Wie lautet das Prüfungsschema zu § 138 Abs. 2 und was ist die Rechtsfolge?

7. Das **Prüfungsschema** lautet: **I. Objektiver Tatbestand:** auffälliges Missverhältnis, **II. Subjektiver Tatbestand:** Handeln **unter Ausbeutung von** Zwangslage, Unerfahrenheit, mangelndem Urteilsvermögen oder erheblicher Willensschwäche. Als **Rechtsfolge** tritt grundsätzlich **Gesamtnichtigkeit** des Rechtsgeschäfts ein.

8. Was ist unter „Sittenwidrigkeit" i.S.d. § 138 Abs. 1 zu verstehen? Können Sie typische Fallgruppen benennen?

8. Ein Verstoß gegen die guten Sitten liegt vor, wenn das **Anstandsgefühl aller billig und gerecht Denkenden** verletzt wird. **Typische Fallgruppen** sind: das sogenannte „wucherähnliche Geschäft", die krasse finanzielle Überforderung bei einer Bürgschaft sowie Knebelung eines Sicherungsgebers oder anfängliche Übersicherung.

8. Abschnitt: Allgemeine Geschäftsbedingungen

A. Bedeutung und Funktion

Wer in größerem Umfang am Wirtschaftsleben teilnimmt und hierbei wiederholt gleich gelagerte schuldrechtliche Verträge abschließt, hat ein Interesse daran, die Bedingungen dieser Verträge nicht immer wieder neu auszuhandeln, sondern **durch vorformulierte Bedingungen (Allgemeine Geschäftsbedingungen, AGB) zu vereinheitlichen**.

Die Verwendung solcher Allgemeinen Geschäftsbedingungen (AGB) dient somit vor allem einer **Rationalisierung** der Geschäftsabwicklung, aber auch einer **Risikoabwälzung** auf den Kunden.

Zweck der §§ 305 ff.: Schutz des Vertragspartners

Aufgrund dieser einseitigen Ausnutzung der Vertragsfreiheit durch den AGB-Verwender ist **in §§ 305 ff.** zum Schutz des Vertragspartners des Verwenders **eine Kontrolle von AGB** normiert.

Somit stellen die §§ 305 ff. **keinen Verbraucherschutz im engeren Sinne** dar, da eben ganz allgemein der Vertragspartner, der nicht zwingend ein Verbraucher i.S.d. § 13 sein muss, gegenüber dem Verwender von AGB geschützt wird. **Allerdings** wird in der Konstellation, dass der Vertragspartner Verbraucher i.S.d § 13 und der Verwender der AGB Unternehmer i.S.d. § 14 ist, **gemäß § 310 Abs. 3** in besonderer Weise geschützt (s.u.: E., II., 2., c)!).

B. Gesetzessystematische Einordnung

Aufgrund seiner Stellung in **§§ 305 ff.** ist das AGB-Recht eigentlich dem **Schuldrecht AT** zugeordnet. Allerdings gehören die Regelungen über die **Einbeziehung von AGB in einen Vertrag und deren Auslegung** sachlich in den **Allgemeinen Teil des BGB**.

!

Die Regelungen über die Inhaltskontrolle sind systematisch dem Schuldrecht zuzuordnen und werden daher im Rahmen dieses Skripts nur im Überblick dargestellt!

C. Prüfungsstandort im Grundschema

AGB bestimmen den Inhalt des Vertrags

Auf die Frage, ob AGB wirksam Vertragsbestandteil geworden sind, ist im Grundschema unter „Anspruch **entstanden**" einzugehen. Denn sind AGB wirksam einbezogen und halten einer Inhaltskotrolle stand, bestimmen diese, **welchen Inhalt der Vertrag** hat.

D. Prüfung von AGB

Prüfungsschritte

Aufbauschema
I. Kein Ausschluss der Anwendbarkeit, § 310 Abs. 4
II. Begriff der AGB, § 305 Abs. 1
III. Wirksame Einbeziehung, §§ 305 Abs. 2–305 c Abs. 1
IV. Auslegung, § 305 c Abs. 2 und Inhaltskontrolle, §§ 307–309
V. Rechtsfolgen der Unwirksamkeit, § 306

E. Erläuterung des Aufbauschemas

I. Kein Ausschluss der Anwendbarkeit, § 310 Abs. 4

1. Prüfungsschritt: Anwendbarkeit

Erster Prüfungsschritt ist zu überprüfen, ob die Regelungen über AGB gemäß §§ 305 ff. überhaupt **anwendbar** sind.

Gemäß **§ 310 Abs. 4 S. 1** finden die §§ 305 ff. keine Anwendung bei Verträgen auf dem Gebiet des Erb-, Familien- und Gesellschaftsrechts sowie auf Tarifverträge, Betriebs- und Dienstvereinbarungen.

Gemäß **§ 310 Abs. 4 S. 2** sollen bei der Anwendung der §§ 305 ff. auf Arbeitsverträge die im Arbeitsrecht geltenden Besonderheiten angemessen zu berücksichtigen sein.

II. Begriff der AGB, § 305 Abs. 1

2. Prüfungsschritt: Vorliegen von AGB

Als **zweiter Schritt** schließt sich die **Prüfung der Voraussetzungen** für AGB an.

1. Vorformulierte Vertragsbedingungen

Es muss sich um eine **vorformulierte** Vertragsklausel handeln, die **nicht notwendig vom Verwender erstellt** worden ist und **nicht notwendig vollständig formuliert** vorliegen muss.

! *Sind also „Leerstellen" vorhanden, die bei Vertragsschluss handschriftlich vervollständigt werden, handelt es sich bei dem eingefügten Text um AGB, wenn diese Ergänzung nur eine bereits vorhandene Regelung verdeutlicht, wenn also nur eine unselbstständige Ergänzungsregel vorliegt.*

Eine **„geistige" Vorformulierung reicht aus**, sodass es genügt, wenn die Vertragsbestimmung „aus dem Kopf" bei Vertragsschluss geäußert wird.

2. Für eine Vielzahl von Verträgen und vom Verwender – also einseitig – gestellt:

a) Die Vertragsklauseln müssen **für eine Vielzahl von Fällen** vorgesehen sein, sogenannte Absicht der Mehrfachverwendung. Besteht diese, liegen AGB bereits beim ersten Anwendungsfall vor.

*§§ 305 c Abs. 2, 306 und 307–309 finden auch dann Anwendung, wenn sie **nur zur einmaligen** Verwendung bestimmt sind.* !

b) Des Weiteren müssen die AGB **vom Verwender gestellt** worden sein; es darf kein Aushandeln i.S.d. § 305 Abs. 1 S. 3 vorliegen.

c) Sonderregeln für Verbraucherverträge (§ 310 Abs. 3)

Werden AGB von einem **Unternehmer** (vgl. zu diesem Begriff § 14) **gegenüber einem Verbraucher** (vgl. zu diesem Begriff § 13) verwendet, müssen **gemäß § 310 Abs. 3** folgende **Besonderheiten** beachtet werden:

Beachte: Sonderregeln für Verbraucherverträge, § 310 Abs. 3

- **Nr. 1:** Alle Vertragsbestimmungen **gelten als vom Unternehmer gestellt**, es sei denn, dass sie durch den Verbraucher eingeführt wurden.
- **Nr. 2:** Die Vorschriften über Auslegung, Inhaltskontrolle und die Rechtsfolgen bei Nichteinbeziehung und Unwirksamkeit finden auch dann Anwendung, wenn die Vertragsbedingungen **nur zur einmaligen** Verwendung bestimmt sind.

III. Wirksame Einbeziehung, §§ 305 Abs. 2–305 c Abs. 1

Liegen hiernach AGB vor, ist der **dritte Prüfungsschritt** die **Einbeziehung** der AGB in den Vertrag:

3. Prüfungsschritt: Einbeziehung in den Vertrag

1. Eine **Einbeziehung** in den Vertrag setzt voraus: Nach **§ 305 Abs. 2** ist ein ausdrücklicher Hinweis (bzw. Aushang) erforderlich. Dem Vertragspartner muss die Möglichkeit der Kenntnisnahme verschafft worden und dieser muss mit der Geltung einverstanden sein.

Sonderfälle sind in § 305 Abs. 3 (Einbeziehung durch Rahmenvereinbarungen, wie sie insbesondere von Banken geschlossen werden) und § 305 a geregelt. !

Gegenüber Unternehmern (§ 14) gilt § 305 Abs. 2 gemäß **§ 310 Abs. 1 S. 1** nicht, d.h. die Einbeziehung richtet hier nach den allgemeinen Regeln (§§ 145 ff.). Der Verwender muss somit auf seine AGB hinweisen und der Vertragspartner die Möglichkeit der Kenntnisnahme haben.

Beachte: Sonderregelung für Unternehmer, § 310 Abs. 1

2. Zu beachten ist der **Vorrang der Individualvereinbarung, § 305 b**. **Überraschende Klauseln** werden **nicht Vertragsbestandteil, § 305 c Abs. 1**. Klauseln haben den hierfür erforderlichen Überrumpelungseffekt, wenn sie eine Regelung enthalten, die von den Erwartungen des Vertragspartners deutlich abweicht und mit der er nicht zurechnen braucht.

IV. Auslegung und Inhaltskontrolle, §§ 307–309

4. Prüfungsschritt: Auslegung und Inhaltskontrolle der AGB

Liegen AGB vor, die auch wirksam einbezogen sind, ist **als vierter Prüfungsschritt** häufig die Frage zu klären, wie diese **auszulegen** sind.

Schließlich muss geprüft werden, ob die AGB aber auch **wirksam** sind, d.h. einer Inhaltskontrolle gemäß §§ 307–309 standhalten.

! *„Auslegung geht der Inhaltskontrolle vor!"*

1. Auslegung

a) Grundsatz der objektiven Auslegung: Die Auslegung richtet sich grundsätzlich nach **dem typischen Verständnis redlicher Vertragspartner** unter Abwägung der an Geschäften dieser Art beteiligten Kreise, §§ 133, 157. Maßgebend ist somit die Sicht des Durchschnittskunden.

b) Unklarheitenregel des § 305 c Abs. 2: Verbleiben nach der Auslegung Zweifel, gehen diese **zulasten des Verwenders**.

! *„Zweifel" sind gegeben, wenn eine Klausel mehrdeutig ist und sich diese Mehrdeutigkeit nicht durch objektive Auslegung beseitigen lässt.*

2. Inhaltskontrolle

a) Kein Ausschluss der Inhaltskontrolle gemäß § 307 Abs. 3 S. 1

Aus § 307 Abs. 3 S. 1 ergibt sich, dass nur solche Vertragsbestimmungen, durch die **von Rechtsvorschriften abweichende oder diese ergänzende Regelungen** vereinbart werden, der Inhaltskontrolle unterworfen sind.

! *Wird in AGB lediglich das Gesetz wiederholt, findet also keine Inhaltskontrolle statt.*

b) Prüfungsreihenfolge bei der Inhaltskontrolle:

Zwingende Prüfungsreihenfolge bei der Inhaltskontrolle

Ist hiernach eine Inhaltskontrolle vorzunehmen, muss **zwingend folgende Prüfungsreihenfolge eingehalten** werden:

! *Die Inhaltskontrolle ist „von hinten nach vorne" (§ 309, § 308, dann § 307) durchzuführen!*

aa) Zunächst ist **§ 309** zu prüfen, der einen Katalog von **Klauselverboten ohne Wertungsmöglichkeit** enthält.

Folge: Jeder Verstoß gegen § 309 führt zur **Unwirksamkeit** der Vertragsbestimmung in den AGB!

Prüfungsrelevant *sind insbesondere die Fälle des § 309 Nr. 7, Nr. 8 a sowie Nr. 8 b (**beachte:** Nr. 8 b gilt nur bei **neu** hergestellten Sachen!).*

!

bb) Danach ist § 308 zu überprüfen, welcher Klauselverbote **mit Wertungsmöglichkeit** enthält, d.h. mit unbestimmten Rechtsbegriffen, die der Auslegung bedürfen.

Beispiel: „Unangemessen hoher Ersatz von Aufwendungen" in § 308 Nr. 7 b

Folge: Die Feststellung der Unwirksamkeit erfordert wegen der Verwendung unbestimmter Rechtsbegriffe in § 308 **eine – richterliche – Wertung**.

cc) Schließlich ist dann gegebenenfalls **§ 307 Abs. 1**, welche eine **Generalklausel** für die Inhaltskontrolle darstellt, zu prüfen.

§ 307 Abs. 1 setzt eine **„unangemessene Benachteiligung"** voraus! Was eine solche unangemessene Benachteiligung darstellt, ist in § 307 Abs. 2 Nr. 1 und Nr. 2 geregelt.

Die – vier – Prüfungsstufen bei § 307 sind:

- **§ 307 Abs. 2 Nr. 1:** Unvereinbarkeit mit wesentlichen Grundgedanken der gesetzlichen Regelung
- **§ 307 Abs. 2 Nr. 2:** Einschränkung vertraglicher Kardinalpflichten bei Gefährdung des Vertragszwecks
- **§ 307 Abs. 1 S. 2:** Verstoß gegen das sogenannte Transparenzgebot (d.h. AGB sind nicht klar und verständlich)
- **§ 307 Abs. 1 S. 1:** Sonstige unangemessene Benachteiligung

dd) Sonderproblem: Inhaltskontrolle im unternehmerischen Bereich

Gemäß § 310 Abs. 1 S. 1 sind die §§ 308 Nr. 1, 2–8 und 309 unanwendbar auf AGB, die gegenüber einem Unternehmer (vgl. § 14) verwendet werden. Das bedeutet, dass hier eine Inhaltskontrolle **nur nach § 307** stattfindet!

Beachte: Sonderregelung für Unternehmer, § 310 Abs. 1 S. 1 u. 2

Allerdings ist **gemäß § 310 Abs. 1 S. 2** bei Anwendung des § 307 Abs. 1 und Abs. 2 auf die in § 308 Nr. 1, 2–8 und § 309 genannten Fälle anzuwenden, wobei auf die Handelsverkehr geltenden Gewohnheiten und Gebräuche angemessen Rücksicht zu nehmen ist. Mittelbar können die Wertungen dieser Regelungen somit auch hier Auswirkungen haben („Parallelwertung in der Unternehmersphäre").

V. Folgen der Unwirksamkeit, § 306

5. Prüfungsschritt: Rechtsfolgen, § 306 Abs. 1 u. 2

1. Gemäß § 306 Abs. 1 ist grundsätzlich nur die Klausel unwirksam, der Vertrag bleibt bestehen.

! *§ 306 Abs. 1 stellt somit eine **Spezialregelung gegenüber** der Vorschrift des **§ 139** dar, nach der eine Teilnichtigkeit des Vertrages grundsätzlich zur Gesamtnichtigkeit führt (**Begründung:** Eine Nichtigkeit des Vertrages würde dem Schutzzweck der §§ 305 ff. zugunsten des schwächeren Vertragspartners des Verwender zuwiderlaufen, da er sonst ganz ohne Vertrag da stehen würde!).*

Nach **§ 306 Abs. 2** treten an die Stelle der unwirksamen AGB die dispositiven gesetzlichen Vorschriften, die im Falle des Fehlens einer Vereinbarung Gültigkeit erlangt hätten. Fehlt eine Regelung in den dispositiven Vorschriften, finden die **Grundsätze der ergänzenden Vertragsauslegung** Anwendung.

! ***Unzulässig ist eine geltungserhaltende Reduktion**, d.h. eine Zurückführung einer Klausel auf ein zulässiges Maß (**Begründung:** Ansonsten könnte der Verwender gefahrlos eine für ihn äußerst günstige Regelung treffen, da im Falle der Unwirksamkeit diese jedenfalls durch eine zulässige ersetzt werden würde!).*

2. Sonderfall: Rechtsfolge bei einander widersprechenden AGB

Sonder**probleme**: widersprechende AGB

Hat jede Vertragspartei ihre Vertragserklärung unter Einbeziehung der AGB abgegeben und **widersprechen sich einzelne AGB-Klauseln**, so gilt grundsätzlich Folgendes:

- Der **Vertrag** bleibt **grundsätzlich wirksam**.
- Soweit die AGB beider Parteien **übereinstimmen**, werden sie in vollem Umfang Vertragsinhalt.
- Soweit sich die AGB beider Parteien **widersprechen**, werden sie nicht Vertragsinhalt. Insoweit gelten nach dem Rechtsgedanken des § 306 Abs. 2 die gesetzlichen Vorschriften. Lücken sind durch ergänzende Vertragsauslegung zu schließen.
- Ist eine bestimmte Frage **nur in den AGB einer Partei** geregelt, während die AGB der anderen Partei dazu schweigen, so ist durch Auslegung zu ermitteln, ob der Vertragspartner dazu sein Einverständnis erklärt hat.

Überprüfung von AGB

I. Anwendbarkeit

- (–), wenn § 310 Abs. 4 S. 1

II. Vorliegen von AGB

- (+), wenn § 305 Abs. 1 S. 1
- (–), wenn § 305 Abs. 1 S. 3
- auch (+), wenn § 310 Abs. 3 Nr. 1 und 2

III. Wirksame Einbeziehung

- Grundsatz: § 305 Abs. 2
- Ausnahmen: § 305 a bzw. § 310
- (–), wenn: § 305 b bzw. § 305 c Abs. 1

IV. Auslegung und Inhaltskontrolle

- Auslegung: § 305 c Abs. 2 i.V.m. §§ 133, 157
- Inhaltskontrolle:
  - kein Ausschluss: § 307 Abs. 3 S. 1
  - Grundsatz: §§ 309–307
  - Ausnahme: § 310 Abs. 1

V. Rechtsfolge

- § 306 Abs. 1: Unwirksamkeit
- § 306 Abs. 2: Lückenschließung

9. Abschnitt: Verjährung

A. Bedeutung, Funktion und gesetzessystematische Einordnung

Die Verjährung eines Anspruchs i.S.d. **§§ 194 ff.** führt dazu, dass der Schuldner das Recht hat, die Leistung zu verweigern, vgl. **§ 214 Abs. 1**.

Zweck: Sicherung des Rechtsfriedens

Hierdurch soll erreicht werden, dass nach Ablauf einer gewissen Zeit die Ungewissheit über das Bestehen und die Durchsetzbarkeit eines Anspruchs beendet ist. Sie dient damit der **Sicherung des Rechtsfriedens**.

!

*Gemäß § 194 Abs. 1 unterliegen **nur Ansprüche** der Verjährung, **nicht hingegen Gestaltungsrechte** wie z.B. die Anfechtung oder Widerruf. Daher handelt es sich etwa bei §§ 121 und 124 nicht um Verjährungs-, sondern um* sogenannte ***Ausschlussfristen**, weil sie das verfristete Gestaltungsrecht ausschließen.*

B. Prüfungsstandort im Grundschema

Die Verjährung eines Anspruchs berechtigt den Schuldner zur **Verweigerung** seiner Leistung, **§ 214 Abs. 1**. Das bedeutet, dass der Anspruch weiterhin besteht, jedoch **seine Durchsetzbarkeit gehemmt** ist. Es handelt sich somit um eine **„rechtshemmende Einrede“**, die im Grundschema unter „Anspruch **durchsetzbar**“ zu prüfen ist.

C. Aufbauschema: Prüfung der Verjährung

Aufbauschema: 3 Prüfungsschritte

Aufbauschema: Verjährung eines Anspruchs
I. Fristdauer (anwendbare Frist)
II. Fristbeginn
III. Fristende (ggf. Hemmung oder Neubeginn der Frist)

D. Erläuterung des Aufbauschemas

I. Prüfungsfolge

Die Prüfung der Verjährung eines Anspruchs erfolgt in **drei Schritten**:

Da nicht für alle Ansprüche die gleiche Verjährung gilt, ist **zunächst** festzustellen, was die **anwendbare Verjährungsfrist** ist, **welche Fristdauer** gilt.

Danach ist der **Beginn dieser Frist** zu ermitteln.

In einem **dritten Schritt** ist schließlich das **Fristende** zu bestimmen, wobei gegebenenfalls eine Hemmung oder ein Neubeginn der Verjährung beachtet werden müssen.

!

Die Fristberechnung erfolgt hierbei nach §§ 186 ff.!

II. Die Regelverjährung

Soweit keine besondere Verjährungsregelung besteht, greift die **regelmäßige Verjährungsfrist**.

Regelverjährung:

Deren **Fristdauer** beträgt **gemäß § 195 drei Jahre**.

Dauer, § 195

Die Regelverjährung **beginnt** gemäß **§ 199 Abs. 1** mit

Beginn, § 199

- dem **Schluss des Jahres**, in dem
- der **Anspruch entstanden** ist (§ 199 Abs. 1 Nr. 1) und
- der **Gläubiger** von den Anspruch begründenden Umständen und der Person des Schuldners **Kenntnis** erlangt oder ohne grobe Fahrlässigkeit erlangen müsste (§ 199 Abs. 1 Nr. 2).

!

*In **§ 199 Abs. 2–4** ist geregelt, dass Ansprüche, die der regelmäßigen Verjährung unterliegen, auch unabhängig von der Kenntnis bzw. der grob fahrlässigen Unkenntnis, teilweise auch unabhängig vom Entstehen des Anspruchs verjähren. Es handelt sich hierbei um sogenannte **Höchstfristen**.*

III. Andere Verjährungsregelungen

1. Andere Verjährungsregelungen im BGB AT

Sonstige Verjährungsregelungen

Gemäß **§ 196** verjähren Ansprüche auf Übertragung von Grundstückseigentum und dort genannte Grundstücksrechte in zehn Jahren. Nach **§ 197** verjähren insbesondere Herausgabeansprüche aus Eigentum in 30 Jahren.

In den Fällen der §§ 196, 197 Abs. 1 Nr. 1 und 2 beginnt die Verjährung gemäß **§ 200** mit der Entstehung des Anspruchs, soweit nicht ein anderer Verjährungsbeginn bestimmt ist. Der Fristbeginn bei § 197 Abs. 1 Nr. 3–6 richtet sich dagegen nach **§ 201 S. 1**.

2. Wichtige Verjährungsregelungen außerhalb des BGB AT

Im Gewährleistungsrecht des **Kaufrechts** trifft **§ 438** eine Sonderregelung für die Verjährungsfrist (Abs. 1) und für den Fristbeginn (Abs. 2). Gleiches gilt im Gewährleistungsrecht des **Werkrechts** gemäß § 634 a Abs. 1 und 2.

!

Allerdings finden auch im Gewährleistungsrecht des Kauf- und Werkrechts aufgrund der Verweisungsnorm der § 438 Abs. 3 bzw. § 634 a Abs. 3 die Regelungen über die Regelverjährung (Dauer, § 195, und Beginn, § 199) Anwendung in dem Fall, in dem der Verkäufer bzw. Werkunternehmer den Mangel arglistig verschwiegen hat.

Im **Mietrecht** findet sich eine Sonderregelung für die Verjährung der Ersatzansprüche des Vermieters in § 548 Abs. 1 und bestimmter Ansprüche des Mieters in § 548 Abs. 2.

IV. Hemmung und Neubeginn der Verjährung

1. Hemmung

Unterscheidung: Hemmung (§ 209) und Neubeginn der Verjährung (§ 212)

Bestimmte Ereignisse – nämlich solche, die in **§§ 203–208** geregelt sind – können den Lauf der Verjährungsfristen hemmen. Bei der Hemmung wird der Zeitraum, während dessen die Verjährung gehemmt wird, nicht in die Verjährungszeit eingerechnet, **§ 209**.

! *Das bedeutet also, dass **nach Wegfall** des hemmenden Ereignisses die Verjährungsfrist **weiterläuft**!*

Besonders wichtig ist die Hemmung der Verjährung **bei Verhandlungen, § 203** und **bei Rechtsverfolgung, § 204** (insbesondere durch Klageerhebung gemäß § 204 Abs. 1 Nr. 1).

! *Im Fall des § 203 sieht **§ 203 S. 2** eine sogenannte **Ablaufhemmung** vor. Hiernach tritt die Verjährung erst frühestens drei Monate nach dem Ende der Hemmung ein.*

2. Neubeginn der Verjährung

In den Fällen des **§ 212 Abs. 1 Nr. 1 und 2** (Anerkenntnis oder Antrag auf Vollstreckungshandlung) läuft – anders als in den Fällen der Hemmung – die Verjährungsfrist **nicht weiter**. Vielmehr kommt es dann zu einem **Neubeginn der Laufs** der Verjährung, d.h. die bereits verstrichene Zeit wird daher bei der Berechnung außer Acht gelassen!

! *Nach der Rspr. des BGH liegt ein solches Anerkenntnis i.S.d. § 212 Abs. 1 Nr. 1 nicht vor, wenn beim Werkvertrag ein Unternehmer (gleiches muss beim Kaufvertrag für den Verkäufer gelten) auf Aufforderung des Bestellers (bzw. Käufers) eine Mangelbeseitigung vornimmt, dabei jedoch deutlich zum Ausdruck bringt, dass er nach seiner Auffassung nicht zur Mangelbeseitigung verpflichtet ist. Dieser Sichtweise ist zuzustimmen, da anderenfalls auch reine Kulanzakte zum Neubeginn der Verjährung führen würden. Das bedeutet, dass die besondere Verjährungsfrist für die Gewährleistungsansprüche des Bestellers bzw. Käufers gemäß § 634 a bzw. § 438 hiernach grundsätzlich nicht nochmals neu zu laufen beginnt.*

E. Vereinbarungen über die Verjährung (§ 202)

Grenzen für Vereinbarungen über die Verjährung, § 202

Grundsätzlich können die Parteien im Rahmen ihrer Privatautonomie auch **Vereinbarungen über die Verjährung** treffen. Allerdings sind insoweit **gemäß § 202 Grenzen** zu beachten:

I. **Verjährungserleichternde** Vereinbarungen

Beispiele: Verkürzung der Frist o. Vorverlegung des gesetzlichen Fristbeginns

- sind zwar grundsätzlich möglich, aber gemäß **§ 202 Abs. 1** darf die **Haftung wegen Vorsatzes** nicht im Voraus erlassen werden.

II. **Verjährungserschwerende** Vereinbarungen

Beispiele: Verlängerung der Frist o. Hinausschieben des Verjährungsbeginns

- sind ebenfalls grundsätzlich möglich, aber gemäß **§ 202 Abs. 2** darf die Verjährungsfrist **nicht über eine Frist von 30 Jahren hinaus** verlängert werden.

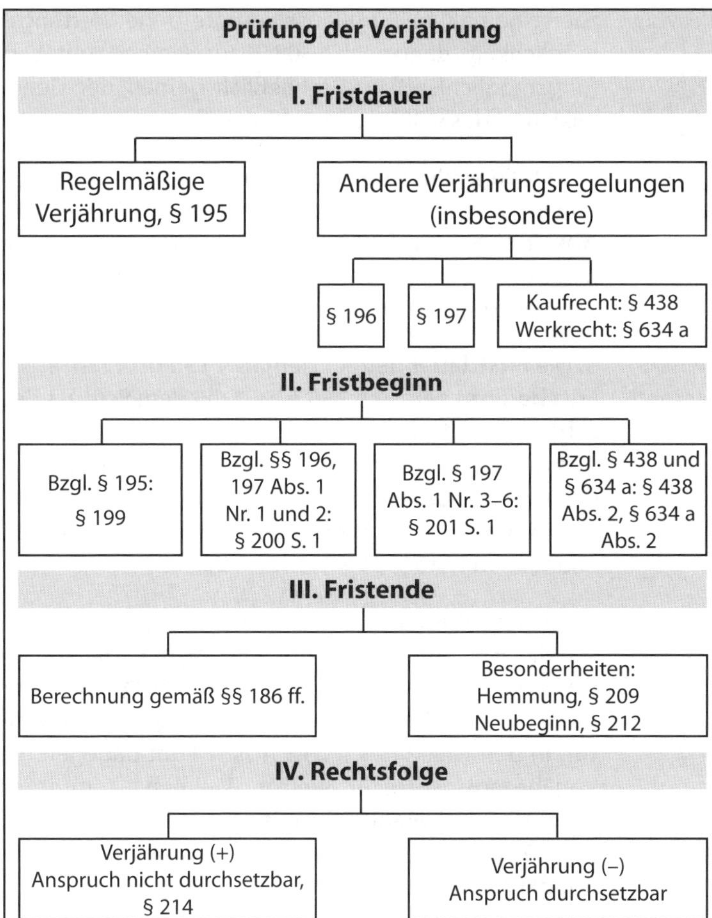

1. Was sind begrifflich „AGB"? Wann ist auch bei AGB eine Anwendung der §§ 305 ff. ausgeschlossen?

1. „AGB" sind gemäß § 305 Abs. 1 für eine Vielzahl von Verträgen vorformulierte Vertragsbedingungen, die der Verwender einseitig stellt. Allerdings ist die Anwendung der §§ 305 ff. in den Fällen des § 310 Abs. 4 ausgeschlossen.

2. Was sind grundsätzlich die Voraussetzungen für eine Einbeziehung von AGB in den Vertrag?

2. Eine **Einbeziehung** in den Vertrag setzt nach **§ 305 Abs. 2** grundsätzlich einen ausdrücklichen Hinweis (bzw. Aushang), die Verschaffung der Möglichkeit der Kenntnisnahme für den Vertragspartner und dessen Einverständnis voraus. **Gegenüber Unternehmern** gilt § 305 Abs. 2 gemäß **§ 310 Abs. 1 S. 1** nicht, d.h. die Einbeziehung richtet sich hier nach den allgemeinen Regeln (§§ 145 ff.).

3. Welche Prüfungsreihenfolge ist bei der Inhaltskontrolle von AGB zu beachten?

3. Die Inhaltskontrolle ist **„von hinten nach vorne"** – zuerst gemäß § 309 (Klauselverbote ohne Wertungsmöglichkeit), dann nach § 308 (Klauselverbote mit Wertungsmöglichkeit) und schließlich gemäß der Generalklausel des § 307 durchzuführen.

4. Was ist die Rechtsfolge, wenn AGB einer Inhaltskontrolle nicht standhalten?

4. Gemäß § 306 Abs. 1 ist grundsätzlich nur die Klausel unwirksam, der Vertrag bleibt bestehen. Nach **§ 306 Abs. 2** treten an die Stelle der unwirksamen AGB die dispositiven gesetzlichen Vorschriften, die im Falle des Fehlens einer Vereinbarung Gültigkeit erlangt hätten.

5. Wie lange ist die Regelverjährungsfrist und wann beginnt diese?

5. Die **Fristdauer** beträgt **gemäß § 195 drei Jahre**. Die Frist **beginnt** gemäß **§ 199 Abs. 1** mit dem **Schluss des Jahres**, in dem der **Anspruch entstanden** ist (§ 199 Abs. 1 Nr. 1) und der **Gläubiger** von den Anspruch begründenden Umständen und der Person des Schuldners **Kenntnis** erlangt oder ohne grobe Fahrlässigkeit erlangen müsste (§ 199 Abs. 1 Nr. 2).

6. Können Sie die Begriffe „Hemmung" und „Neubeginn" der Verjährung erklären?

6. Bei der **Hemmung** wird der Zeitraum, während dessen die Verjährung gehemmt wird, nicht in die Verjährungszeit eingerechnet, **§ 209**. **Nach Wegfall** des hemmenden Ereignisses **läuft** die Verjährungsfrist also **weiter**. In den Fällen des **§ 212 Abs. 1** läuft dagegen die Verjährungsfrist **nicht weiter**. Vielmehr kommt es dann zu einem **Neubeginn des Laufs** der Verjährung, d.h. die bereits verstrichene Zeit wird bei der Berechnung nicht eingerechnet.